세상 인문학적인 음악사

수천 년 역사가 단숨에 읽히는
교양 음악 수업

세상 인문학적인 음악사

SEC. G ROW R SEAT 8

정은주 지음

PROGRAM

KNOWLEDGE

목차

제3장. 이탈리아, 그리고 유럽 르네상스 음악

제4장. 인내의 결정, 바로크 음악

제5장. 폭발적! 혁신적! 고전주의 음악

제6장.　낭만주의 음악

제7장.　20세기 음악

제8장. 오늘날의 클래식 음악

"음악은 어디에나 살고 있다."

_E.T.A. 호프만 『세라피온의 형제들』,
'작가와 작곡가' 중에서

수천 년 전 음악을 찾아서

서양 음악사는 음악에 대한 이야기입니다. 고대 그리스인의 무덤에서 발굴된 작은 동물 뼈 나팔의 이야기고요. 세상과 단절된 채 하루 종일 필사를 했던 수도자들이 하루에 여덟 번씩 부르던 기도의 이야기고요. 유럽의 왕이 아침잠에서 깨어날 때 정원을 산책할 때나 왕자가 태어났을 때 흐르던 이야기지요. 앞을 보지 못하는 조지 헨델이 오르간 앞에 앉아 연주를 했던 이야기이며, 듣지 못하는 루트비히 판 베토벤이 프리드리히 쉴러의 시 〈환희의 송가〉를 교향곡 마지막 악장에 그려넣던 이야기이기도 합니다.

그리고 그 이야기는 지금 독자 여러분이 읽고 있는 이야기로 계속되고 있습니다. 보이지 않는 음악의 역사는 마치 계단이 다음 계단으로 이어지듯이 그렇게 서로의 이야기가 되는 기적 같은 수천 년 세월을 거쳐 오늘날까지 전해지고 있으니까요. 이것이 클래식 음악이라 부르는 음악에 대해 가장 먼저 들려드리고 싶은 솔직한 이야기입니다.

이 책은 그 길고 긴 날들의 이야기를 서양 음악사의 굵직한 시간표에 담았습니다. 20세기 이후 지금까지 구체적으로 전문 학자들이 연구 중인 서양 음악사의 이야기를 소개했습니다. 강의 시간에 듣는 학술적인 내용은 아니고요. 해당 시기를 가장 편하게 그려볼 수 있는 이야기로 단숨에 이해할 수 있게끔 꾸렸습니다. 정말 꼭 알아야 할 서양 음악사 속 사건과 인물과 작품의 이야기를 직접 고르고 채웠습니다.

태고의 음악에 대한 상상부터 교회의 일부였던 단순한 노래가 점점 사람을 향해 나아갔던 이야기, 새로운 음악이 불과 얼마 전의 음악을 낡은 음악이라 부르던 이야기, 항해와 무역 발달이 음악의 확장으로 이어진 이야기, 14세기 이탈리아의 빛나는 순간이 유럽 대륙의 여러 나라와 섬나라 영국까지 이어진 이야기, 구텐베르크와 마틴 루터가 불러온 악보의 발전 이야기, 신과 왕을 위해 연주했던 음악가들이 점점 '나'를 위한 음악을 찾아갔던 이야기, 산업화의 발달과 프랑스의 무역 정책이 불러온 피아노 이야기, 문학과 정치와 음악이 흐르던 살롱 이야기, 에디슨이 발명한 소리를 담는 기계에서 시작된 음악의 두 번째 이야기, 백인 남성 중심의 음악계에서 차별 받았던 여성 음악가들의 이야기, 세계적 경매사가 판매하는 음악가들의 여러 유품 이야기, AI 작곡가가 만든 베토벤 〈교향곡 10번〉 이야기 등. 각 나라에서 일어났던 크고 작은 음악적 사건들과 한 사람으로 만난 음악가들의 이야기까지 길고 긴 서양 음악사의 대장정을 소개했습니다.

서양 음악사의 시기 구분은 다소 애매모호한 구석이 있습니다. 3악장 소나타나 4악장 교향곡처럼 분명하지 않거든요. 르네상스의 마지막 작품이 초기 바로크와 시대가 겹치거나 독일의 고전주의가 시차를 두고 대륙 곳곳으로 갔던 일부터, 주요 인물의 생몰년을 중심으로 하다가 갑자기 음악 작품 속 새로운 형식이 처음 등장할 때의 시기를 중심으로 하는 오래된 관습까지 그 이유 또한 다양하지요. 또한 교회 역사가들은 성경 시대로 음악사를 구분하기도 합니다. 어쩔 수 없는 일입니다만, 최대한 쉽고 간단한 이야기들로 정리했습니다. 혹시 저의 부족한 시야가 놓친 부분에 대해서는 독자 여러분께 이해를 청합니다.

수천 년, 아니 그보다 더 오랜 역사를 간직한 서양 음악의 이야기를 책 한 권에 몽땅 담았다는 허위 광고는 차마 못

   프롤로그. 수천 년 전 음악을 찾아서

하겠습니다. 그러나 이 책은 서양 음악사와 클래식 음악으로
향하는 지름길의 역할은 충분히 할 수 있다고 생각합니다.
머나먼 유럽에서 살았던 그 시절 사람들의 이야기가 독자 여
러분의 이야기가 되는 즐거움을 만나시기를 진심으로 바랍
니다. 고맙습니다.

2025년 11월
정은주

상상할 수밖에 없는
세상 처음의 음악

천지창조의 순간에는 음악이 있었을까요? 태고에 음악이 존재했는지에 대한 궁금증은 영영 풀 수 없는 수수께끼가 되어 버렸습니다. 그 어떤 증거도 발견된 적도 없었으니까요. 물론 훗날 고대의 악기나 악보 혹은 음악에 대한 어떤 증거라도 세상에 드러날 확률도 있지요. 지난 1963년 독일 바덴뷔르템부르크 주에서 발견된 뼈 피리 한 자루가 세상을 깜짝 놀라게 했던 것처럼요!

당시 슈바벤 유라 산맥의 동굴 게이센플뢰스테를에서 백조로 추정되는 동물 뼈로 만든 피리가 발견되었습니다. 연대 측정 결과, 제작 시기는 초기 선사시대로 추정되었지요. 이 피리의 발견으로 별다른 증거가 없었던 고대 음악이 조금

    제1장. 상상할 수밖에 없는 세상 처음의 음악

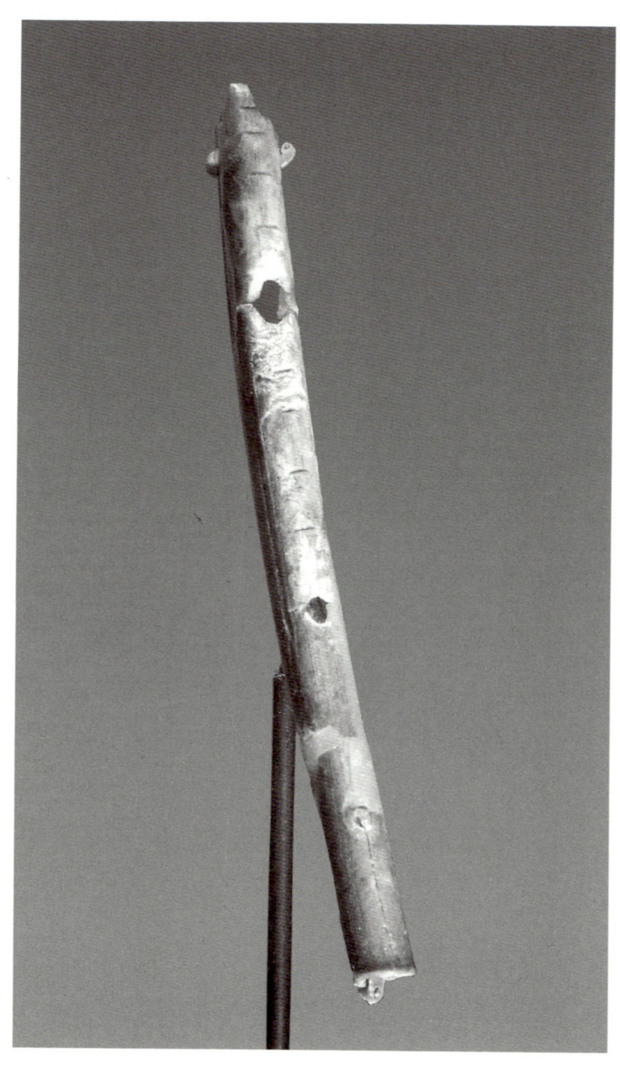

1963년 독일 바덴뷔르템부르크 주 슈바벤 쥐라 산맥 동굴 게이센플로스테를에서 발견된
동물 뼈로 만든 피리. 인류 역사 최초의 중요한 음악적 사료

이나마 그 실체를 드러내었습니다.

　지금까지 뼈 피리보다 앞선 시대의 음악적 유물이 발견된 적은 없습니다. 따라서 현재까지 밝혀진 인류 최초의 음악적 사료는 독일 남부 지역에 거주한 초기 선사시대 인류의 뼈 피리입니다. 또한 당시 그들이 동물의 뼈에 구멍을 내는 방식을 사용해 음의 높낮이를 조절했다는 점, 초기 석기시대에 최소한 몇 개의 음정이 존재했다는 점도 확인되었지요. 뼈 피리는 유물이 발견된 동굴과 함께 빙하기 예술로 가치를 인정받았고요. 지난 2017년에는 유네스코 세계문화유산에도 등재되었습니다.

　서양 음악사에서는 뼈 피리가 제작된 시기부터 고대 그리스 시절까지를 한데 묶어 가장 처음의 음악으로 구분합니다. 고대 그리스 문명 이후부터 음악에 관한 유물과 보물이 많이 발견되긴 했지만, 독자적인 시기로 구분할 정도의 음악적 업적이나 유물이 발견되지는 않았기 때문이지요.

　옛날 옛적의 음악에 대해 우리는 그저 그려볼 뿐입니다. 어린 시절에 읽었던 동화책 속 이야기와 크게 다르지 않지요. 이것이 세상 처음의 음악에 대해 우리가 알아야 할 거의 모든 이야기입니다. 물론 언젠가는 보다 앞선 시대의 음악적 유물이 발견될 가능성도 있습니다. 그러나 그때까지는 초기 신석기 시대와 고대 그리스 시대에 시작된 '세상 처음의 음

　　　　제1장. 상상할 수밖에 없는 세상 처음의 음악

악'을 그려보는 수밖에 없겠지요.

호모 사피엔스는 어떤 노래를 불렀을까?

기원전 3만 6000년 전 유럽과 아시아에 살던 호모 사피엔스는 두 발로 걷고, 도구를 사용했습니다. 또 언어를 구사했지요. 언어가 존재했다는 것은 노래할 수 있었다는 이야기와도 연결됩니다. 구석기 시대의 인류는 예술, 음악, 종교 등의 행위를 이뤄나간 것으로 알려져 있습니다. 그들은 날카로운 뗀석기를 만들고, 뼈 피리를 불었습니다. 만약 그들이 노래를 불렀다면, 몇 개의 음정이 있는 선율을 불렀겠지요.

고대의 음악을 살펴볼 수 있는 사료 중 하나는 터키에서 발견된 동굴 벽화입니다. 기원전 6000년경 그려진 것으로 추정되는 이 벽화에는 창을 들고 네 발 달린 동물 수십 마리를 사냥하는 남성들이 그려져 있습니다. 그리고 그들의 곁에는 작은 북을 연주하는 악사가 서 있지요. 귀한 동물을 사냥하던 남성들을 격려하기 위해 악사들은 북을 두드렸습니다. 일종의 응원가였겠지요.

여기서 잠시 생각해볼까요. 축하하는 자리, 용기를 북돋워주는 자리에서 음악이 연주되는 것은 오늘날까지 이어지는 전통 아니던가요? 결혼식과 장례식, 군대의 행진, 노동요, 자장가, 춤곡, 향연, 신을 찬미하는 서사시 등 그 쓰임도 다양하지요. 그렇습니다. 이미 이 시기의 사람들은 분명히 음악을 알고, 이를 필요한 곳에 사용하고 있었습니다.

그리고 1920년대, 오늘날의 이라크와 시리아 사이에 위치한 우르 지역에서 발굴 작업을 하던 고고학자들은 서양 음악사의 기념비적인 물건을 찾아냈습니다. 바로 두 대의 리라와 악기를 연주하는 모습이 그려진 점토판이었지요. 기원전 2600년경 수메르인들이 사용했던 것으로 추정되는 이 물건은 그동안 우리가 상상에만 의존했던 고대의 음악을 구체적으로 확인할 수 있게 해주었습니다. 이 악기들은 오늘날 고대의 악기 소리를 확인하는 연구 자료로 사용되며, 음악 애호가 및 연사 연구자들의 상상력을 자극하고 있습니다.

태고의 음악은 바빌론과 고대 그리스 문명으로 이어졌습니다. 기본적인 재료들이 갖춰졌으니, 음악이 점점 더 발전한 건 당연한 결과였지요. 리라의 맑은 선율, 북소리의 웅장한 울림, 피리의 가녀린 노랫소리는 고대인들의 믿음을 담았을 겁니다. 사냥을 떠나기 전 안전을 위한 주문을 외우거나, 종교적인 의식을 치르는 식으로 말이지요.

또한 고대의 음악은 단순한 과거의 유물에 머무는 것이 아닙니다. 현대 음악의 뿌리를 이루는 중요한 유산이기 때문

     제1장. 상상할 수밖에 없는 세상 처음의 음악

후기 구석기 인류의 다산과 풍요 염원이 담긴 조각 〈빌렌도르프의 비너스〉

이지요. 또한 그 시절의 음악은 절대적으로 본능적인 행위이
기도 했습니다. 고대의 사람들이 느꼈던 모든 감정, 기쁘거
나 슬플 때의 눈물과 흥얼거림마저도 모두 음악이 되어 우리
에게 흘러온 것이지요!

바빌로니아와 이집트, 고대 그리스로부터

기원전 1800년경, 바빌로니아에 살던 사람들은 자신이 아는 모든 것을 기록하고 싶어 했던 모양입니다. 바빌로니아의 유적 곳곳에서 점토판에 쓴 책 같은 유물이 상당수 발견되었거든요. 특히 음악가들은 점토판을 일종의 악보로 사용했는데요. 오늘날 전해지는 그들의 점토판에는 조율부터 즉흥 연주, 연주 기법, 사랑가, 애가, 찬미가까지 그 시대에 연주되었던 음악과 여러 장르에 관한 이야기가 등장합니다.

그중 가장 중요한 기록이 바로 7음 온음계를 사용한 흔적입니다. 바빌로니아에서 사용한 7음 온음계는 고대 그리스의 음악에서도 비슷한 개념으로 등장하며, 오늘날 음악의 기본을 이루는 7개의 음정과도 같습니다. 즉, 바빌로니아의 음악가들이 오늘날 서양 음악의 기초가 되는 7음을 개발했다고 추정할 수 있는 것이지요. 이뿐만이 아닙니다. 바빌로니아에서 발견된 점토판에는 오늘날의 계이름 개념을 담은 내용도 있습니다. 음악을 기보하기 위해서는 음정 하나하나의 명칭을 정해줄 필요가 있었을 테니까요.

고대의 음악 이야기를 할 때, 기원전 3000년경 이집트에 관한 이야기도 빠질 수 없습니다. 당시 이집트에는 고도로 발달된 음악이 있었거든요. 당시 사료에는 그림에 기록

     제1장. 상상할 수밖에 없는 세상 처음의 음악

된 악기, 음악가, 음악 연주하는 모습, 연주 관행, 문학 기록 등이 남아있습니다. 조각품도 여럿 전해지는데요. 종교 의식 중인 하프 연주자와 플루트 연주자의 모습을 담은 작품이 대표적입니다. 그 시절 이집트에서 사용된 악기는 리라, 오늘날의 오보에와 비슷한 관악기, 북, 딸랑이 등이 전해지고요. 여기에 성악가들이 노래하는 모습의 그림까지 발견되면서 당시 이집트 음악이 상당한 수준이었음을 짐작할 수 있습니다. 이에 음악 역사학자 호머 울리히는 이집트가 고대 그리스 음악의 본보기가 되었을 가능성이 크다는 의견을 밝히기도 했지요.

바빌로니아나 이집트만큼 고대 그리스 사람들도 기록에 성실했습니다. 그 덕분에 오늘날 그 시절 그리스 사람들의 음악에 관한 생각을 읽어볼 수 있지요. 그들에게 음악은 예술이자 수학이며, 천문학과 이어진 과학이었습니다. 나아가 그들은 음악이 우주에서 차지하는 위치부터 음악의 영향이나 사회적인 쓰임 같은 철학적 사유를 곁들였습니다. 플라톤이 쓴 『공화국』, 그의 제자 아리스토텔레스가 쓴 『정치학』 등에서 음악에 관한 당대 철학자들의 사유를 확인할 수 있지요.

그리스의 철학자들은 음악이 개인의 윤리적 특성, 존재 및 행동 방식인 에토스에 영향을 준다고 믿었습니다. 수적인 관계에 의해 음악이 영혼까지 침투하여 변화를 일으킬 수 있다고 본 것이지요. 요즘 관점에서는 굉장히 난해하고 어려운 이야기입니다만, 우리가 좋아하는 음악을 들을 때 편안한 기분을 느끼거나 마음이 불편할 때 음악을 들으며 기분을 추스르는 행동 등을 떠올려보면 그들의 이야기가 어느 정도 맞는 말 같다는 생각이 들기도 합니다.

음악과 수에 관한 피타고라스의 이야기도 흥미롭습니다. 피타고라스는 음악이 수학적 비율로 설명될 수 있다고 믿었습니다. 특히 그는 계산을 통해 현의 길이와 음정의 관계를 연구했는데요. 우리는 이를 피타고라스율이라 부릅니다. 이는 순정 5도(3:2)와 완전 8도(1:2)의 진동수 비율을 기반으로 구성된 음계로, 피타고라스가 수리적 원리를 이용해 고안했는데요. 특정 음을 기준으로 완전 5도를 계속 쌓아 올려 음계를 형성하는 것이 특징이지요.

이 음계는 단성 음악에서는 문제가 없었지만, 다성 음악에서 불협화음을 유발했습니다. 결국 이를 해결하기 위해 순정율이나 평균율 같은 새로운 음률이 등장하기도 했지요. 하나의 이론이 새로운 음악 어법을 창조한 셈입니다. 그가 제시한 수적 비율은 이후 서양 음악 이론의 기초가 되었고, 먼 훗날인 르네상스와 바로크 시대에도 영향을 미치며 음악의 체계적 발전에 기여했습니다.

   제1장. 상상할 수밖에 없는 세상 처음의 음악

♫

피타고라스는 순정 5도, 완전 8도의 진동수 비율로
순정률 음계를 만들었습니다

고고학의 음악적 결론들

영화 〈인디아나 존스〉(1982)는 고고학자에 대한 이미지를 사람들에게 각인시켜준 작품입니다. 이 영화에서 고고학자들은 위험하고 흥미진진한 모험 끝에 멋진 보물을 찾아냅니다. 그러나 현실의 고고학자들은 몇 달 혹은 그 이상의 기간 동안 유적의 한복판에서 하염없이 기다리지요. 대자연에 숨은 역사 속 보물을 찾는 일은 절대 영화처럼 한 번에 이루어지지 않습니다. 그러나 생각지도 못했던 것을 캐낼 때의 기쁨과 뿌듯함, 짜릿함은 영화 속 발견의 순간과 견주어도 결코 손색이 없을 것입니다.

앞서 소개했던 뼈 피리와 리라, 하프를 발굴한 고고학자들도 그런 즐거움을 느꼈습니다. 수메르의 악기를 발굴한 분들은 음악고고학자라고 불리기도 합니다. 음악학과 고고학이 힘을 합쳐 진행한 프로젝트이기 때문이지요. 이처럼 고대의 음악적 유산은 고고학, 인류학, 음악학 등 여러 학문 분야의 협업 끝에 오늘날 세상에 그 모습을 드러내고 있습니다.

음악고고학은 고대 예술 작품 속 음악 장면과 관련 문헌 및 기록 등을 찾고 연구하는 학문을 일컫습니다. 연구자들은 유물의 연대 측정, 설명, 기원 분석, 문화적 맥락 연구 등을 통해 고대 악기의 사용법을 밝혀냅니다. 경우에 따라 복원된

     제1장. 상상할 수밖에 없는 세상 처음의 음악

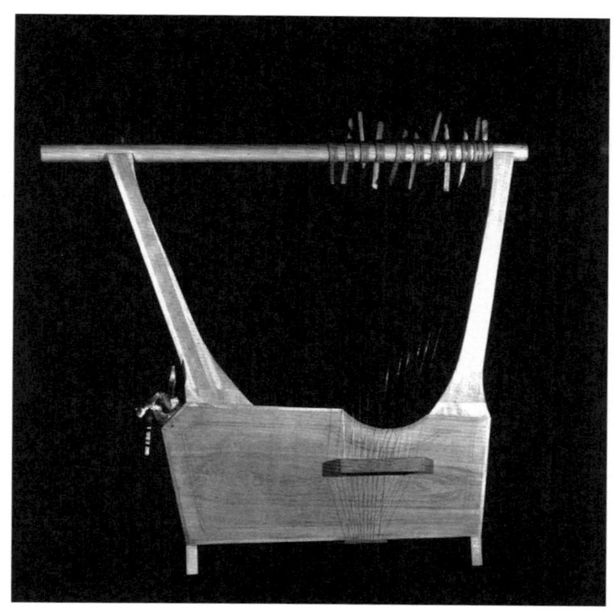

아시리아학자 앤 킬머는 초기 음악고고학의 상징,
우르의 황소머리 리라를 재현했습니다

악기를 제작하기도 하며, 초기 악보나 음악 관련 문헌 자료
를 토대로 고대의 음악을 재구성하기도 하지요.

음악고고학은 1977년 미국에서 개최된 국제음악학회를
시작으로 오늘날까지 여러 주목할 만한 음악적 발굴에 기여
하고 있습니다. 고대 메소포타미아 문명을 연구하는 아시리
아학 연구자인 앤 킬머 박사의 사례가 대표적입니다. 그는
우가리트에서 발굴된 점토판을 분석하여 청동기 시대의 송

가를 악보로 옮기는 작업을 했는데요. 이를 통해 고대 메소포타미아 음악 체계에 대한 연구가 본격적으로 이루어질 수 있었습니다. 또한 이는 수메르 시대 리라의 복원과 재현, 나아가 리라 연주의 음반 제작까지 이어졌지요.

이처럼 오늘날의 음악고고학자들은 논문과 미디어를 통해 고대 음악의 유산을 알리는 노력을 펼치고 있습니다. 동시에 고대의 음악을 오늘날의 무대로 재현하려는 시도도 이어지고 있지요. 말하자면 과거의 이야기가 오늘날의 이야기로 재탄생될 수 있도록 역할을 해내고 있는 겁니다. 앞으로 그들의 손을 통해 또 어떤 신기한 음악적 이야기가 발굴될지, 기대되지 않으시나요?

  제1장. 상상할 수밖에 없는 세상 처음의 음악

이토록 신비한 소리,
중세 음악

로마의 한 성당에서 아름다운 음색을 가진 청년 수도사들이 예수의 말씀을 라틴어로 노래합니다. 한 눈에 봐도 지체 높은 사람들이 수도사들의 합창을 바라봅니다. 금빛 자수가 화려하게 수놓인 제의를 겹겹이 걸친 사제는 수도사의 노래가 끝나기를 기다리며, 마음속으로 나사렛 사람 예수의 말을 생각합니다. 성가가 끝나자 사제는 라틴어로 예수의 삶과 고난에 대해 이야기합니다. 사제의 이야기가 끝난 뒤, 다시 수도사들은 노래를 시작합니다.

중세 유럽 어느 교회에서 열렸던 예배를 떠올려볼까요. 하늘 끝까지 닿을 듯한 성당에 모인 사람들은 예수의 말씀을 노래로 들었습니다. 이것이 바로 중세 시대의 음악입니다.

중세 음악은 교회의 일부였습니다. 예수의 이야기를 전하고자 하는 사람과 듣고자 하는 사람이 모인 공간에서 노래가 생겨났지요. 그리고 차츰 교회의 역사가 깊어짐에 따라, 노래는 음악으로서의 모습을 갖춰갔습니다.

보통 유럽의 중세 음악 시기는 6세기부터 15세기까지로 구분되며, 서양 음악사에서 가장 길고도 중요한 시기 중 하나입니다. 이 시기의 음악은 교회의 역사와 밀접하게 맞물려 발전해 왔습니다. 특히 화려하고 높은 고딕 양식의 교회들이 지어지던 시기에는, 기존의 단선율 성가에 성부를 하나씩 덧붙이는 방식으로 음악이 점차 다성화되어 갔지요. 초기에는 악보에 적힌 음악을 그대로 따르기보다는, 성가대가 즉흥적으로 멜로디를 만들어 예수의 말씀을 전하곤 했습니다. 그러다 하나의 성부를 더 추가하고, 다시 3성부, 4성부로 확장되며 예수의 말씀이 더욱 웅장하고 아름다운 화성으로 울려 퍼지게 되었습지요.

이 시기에는 음악을 기록할 필요성을 못 느꼈던 모양입니다. 예배 음악이 모두 구전으로 전해졌거든요. 남성 수도사들만 부를 수 있었던 그레고리오 성가가 대표적인 예지요. 그러다 누군가 음을 기억하기 위한 장치가 필요하다고 생각한 모양입니다. 이렇게 등장한 것이 네우마 표기법입니다. 누군가 양피지 악보에 음의 높낮이 정도를 노래하는 사람이 알아볼 수 있는 작은 기호들을 그려 넣었고, 그 기호를 읽으며 수도사들은 선율을 노래했어요. 그 작은 기호를 네우마라고 불렀지요.

전 유럽으로 전파되던 기독교는 마침내 로마의 공식 종교가 되었습니다. 이 시기부터 본격적으로 교회의 음악 발전에 가속도가 붙었는데요. 특히 노래의 선율을 악보에 적어보자는 획기적인 발상이 이루어졌습니다. 이탈리아의 음악 이론가 귀도 다레초가 네우마 기보법을 대체할 현대적인 기보법을 발명한 것이지요. 그는 C음은 노란색, F음은 붉은색으로 표시하는 식의 계이름도 고안했어요. 이렇게 중세의 음악은 교회의 역사와 함께하며 서양 음악의 기본 양식들을 만들어냈습니다.

교회 밖의 음악도 차츰 모습을 드러냈습니다. 세속 음악으로 불린 이 음악들은 유럽의 여러 지역에서 유행처럼 등장했는데요. 그중 가장 인기를 끌었던 것이 바로 프랑스의 트루바두르와 트루베르입니다. 그들은 운명처럼 찾아온 슬픈 사랑이나 기사도를 노래하며 신이 아닌 사람의 이야기를 전했습니다. 또한 여러 음이 동시에 울릴 때 무언가는 아름답고, 다른 무언가는 아름답지 않다고 생각하며 이를 가르는 방식도 이때부터 시작되었지요. 바로 협화음과 불협화음의 이야기입니다.

   제2장. 이토록 신비한 소리, 중세 음악

귀도 다레초는 네우마를 대신할 현대적 기보법을 고안한 음악 이론가입니다

중세 음악은 단순한 성가에서 시작해서 다성음악, 세속음악, 그리고 리듬 혁명을 거치며 오늘날의 음악으로 이어지는 중요한 가교 역할을 했습니다. 당시의 작곡가들은 실험과 혁신을 통해 새로운 음악적 가능성을 모색했지요. 더불어 신이 아닌 한 개인의 취향과 기호를 생각하기 시작한 것도 이 시기의 큰 특징 중 하나입니다.

빙엔의 성인 힐데가르트

11세기 말, 독일 힐데가르트 가문에서 열 번째로 태어난 아이가 있었습니다. 아이는 8살이 되자 수녀원으로 보내졌고, 그때부터 고단한 삶을 시작했지요. 부모가 어린 딸을 수녀원에 보낸 이유로는 크게 두 가지 설이 전해집니다. 첫 번째는 가진 재산을 덜 쓰기 위한 행동이라는 추측입니다. 그 시절에는 딸을 수도원에 보내고, 생활비를 매달 헌금처럼 보내는 일이 많았는데요. 딸이 커서 결혼할 때 신랑에게 가져가야 할 재화의 총량보다 적게 드는 방식인지라, 당시 귀족 중 딸을 수녀원에 보내는 일이 종종 있었다고 하지요. 두 번째는 환영을 본 어린 그를 걱정한 부모가 딸을 보호하기 위해 내린 결정이었다는 설입니다. 수녀원이라는 안전하고 폐쇄된 공간에서 살면, 적어도 아이가 비난받거나 최악의 경우 마녀로 몰릴 위험은 없을 테니까요.

둘 중 어떤 이야기가 정확한 것인지 확인할 방법은 없습니다. 성인이 된 뒤 그녀가 일기장에 고백한 마음만이 그 시절의 아픔을 기억하고 있지요. 그는 어린 시절 자신은 수녀원에 가기 싫었지만 부모의 결정으로 인해 억지로 가야했다는 회고를 남겼습니다. 또 부모는 자녀의 의견을 존중해야 한다는 글을 적어두기도 했지요.

 제2장. 이토록 신비한 소리, 중세 음악

♫

힐데가르트 폰 빙엔은 서양 음악사에 기록된
최초의 여성 음악가입니다

　　원치 않는 길을 걷게 된 그는 결국 종신 서원을 받았습니다. 베네딕토 수도원의 수녀원장도 되었지요. 오늘날 그를 따라다니는 수식어는 참 많습니다. 문학가, 과학자, 작곡가, 신학자, 카운슬러, 화가, 요리사, 약초학자, 언어학자, 철학자, 의사, 심지어는 예언자로도 불리고 있어요. 세상을 떠날 때까지 삶의 모든 분야에 대해 연구했고, 또 관찰했던 그와 그의 업적에 대한 경탄이자 존경의 표시이지요. 더불어 그는 세상을 떠난 지 무려 833년이 지난 2012년 5월 10일, 교황 베네딕토 16세의 시성으로 성인의 반열에도 올랐습니다. 동시에 교회학자로 선포되어 오늘날까지도 사람들의 존경을 받고 있지요. 바로 성인 힐데가르트 폰 빙엔의 이야기입니다.

　　그는 서양 음악사에 기록된 최초의 여성 음악가이기도 합니다. 특히 교회 음악에 큰 영향을 준 여러 편의 작품을 만들었어요. 해야 할 일들이 정말 많은 가운데서도 머릿속에 떠오른 음악을 기록했습니다. 심지어 여성이라는 이유로 자신이 작곡한 음악이 교회에서 연주될 수 없음을 알았는데도 불구하고 말이지요. 그는 신을 향한 노래를 부지런히 악보로 옮겼습니다. 그중 오늘날까지 전해지는 가장 의미 있는 작품은 일종의 음악극으로 볼 수 있는 〈오르도 비르투툼〉입니다. 82편의 짧은 노래들이 종교적인 가사와 함께 마치 한 편의 연극을 보는 듯 흐르지요.

그가 작곡한 음악의 특징은 단성의 선율입니다. 큰 폭의 음역을 넘나드는 선율을 변주처럼 반복해서 사용하고, 음계와 음역을 규칙적으로 만들어 반복하는 등 당시의 교회 전례 음악으로서는 대단히 과감하고 실험적인 시도를 이어갔지요.

그의 음악은 오랜 기간 봉인된 상태로 존재했습니다. 그러다 여성 음악가에 대한 연구가 이루어지기 시작한 19세기부터 다시 빛을 보기 시작했지요. 그의 악보들은 그가 만든 수녀원의 수장고에서 발견되었는데요. 이는 그곳의 수녀들이 힐데가르트가 남긴 책과 음악 작품을 온전히 보관하는 것을 자신들의 사명이라고 믿은 덕분이었지요. 참고로 그가 세운 수녀원은 몇몇 슬픈 이야기를 지나 오늘날까지도 운영 중입니다. 그의 이름을 딴 수녀회와 성당이 지금도 전 세계에서 그를 찾아오는 순례객을 맞이하고 있지요.

사랑밖엔 난 몰라, 트루바두르와 트루베르

이전까지 유럽의 음악은 신과 왕, 그리고 귀족을 위한 유희였습니다. 그러나 11~12세기경부터 조금씩 다른 움직임이 나타나기 시작합니다. 남녀 사이의 이룰 수 없는 슬픈 사랑

이야기가 생겨났고, 용맹한 기사들의 무용담에 관한 음악이 만들어진 거지요. 세속 음악이라고 부르는 이 음악은 듣는 사람의 마음을 울고 웃게 만드는 시에 아름다운 선율을 붙여 만든 일종의 노래였습니다. 신에 대한 찬미보다 사랑에 빠진 사람에 관한 이야기가 더 재미있었음은 그 시절의 청중에게 물어보지 않아도 충분히 알 수 있는 일이지요.

대표적인 사례로 프랑스 남부의 트루바두르, 북부의 트루베르를 들 수 있습니다. 트루바두르와 트루베르는 당시 세속 노래를 부르던 가수를 지칭하는 표현입니다. 우리말로 각각 음유 시인과 서정 시인이라는 뜻을 가지지요. 프랑스 남부의 지역어인 옥시탕을 사용한 시에 노래를 지어 부르던 트루바두르는 보통 귀족들이 나섰고요. 고대 프랑스어를 사용한 북부의 트루베르는 귀족의 후원을 목표로 활동하는 중산층 출신 가수가 많았습니다. 그들이 부른 사랑 이야기는 유럽의 여러 나라에서 인기를 끌었습니다. 1066년 영국 왕이 프랑스의 트루베르를 후원하며, 그들의 노래를 즐겼다는 기록도 전해지지요.

트루바두르와 트루베르는 세속의 이야기를 직접 시로 지었습니다. 거기에 맞는 음악을 짓거나 따로 작곡가의 음악을 빌려 노래했지요. 희로애락과 허구가 어우러진 그들의 노래는 서양 시의 초석이 되었습니다. 노래의 주제는 주로 기

아키텐 공작 윌리엄 9세는 프랑스 최초의 트루바두르입니다

사도, 궁정에서의 연애, 이룰 수 없는 비극적인 사랑 이야기 등이 주를 이뤘는데요. 저속한 풍자부터 고고한 이상에 이르기까지 내용은 전적으로 트루바두르가 선택할 수 있었습니다. 그들의 음악은 단선율이었고, 이야기를 노래하는 특성상 시의 각 절을 모두 같은 멜로디로 반복하는 유절 형식을 따랐습니다.

프랑스뿐만 아니라 유럽의 다른 나라에서도 비슷한 느낌의 세속 노래가 등장했습니다. 독일의 음유 시인은 미네징거Minnesinger로 불렸고, 이탈리아의 세속 노래 양식은 라우다

Lauda라는 이름을 가지고 있었지요. 여러 곳에서 인기를 끌다 보니 다양한 이야기가 터져 나오기도 했습니다. 이탈리아의 대문호 단테 알리기에리에 관한 이야기가 대표적이지요.

단테는 라틴어가 아닌 이탈리아어로 글을 쓰고, 시를 짓고, 노래해야 한다고 생각했습니다. 그는 저서 『속어의 웅변에 대하여』를 통해 이탈리아어 등 속어로 문학을 창작하는 것의 중요성을 강조했는데요. 이러한 생각과 결심은 그가 대표작 『신곡』을 이탈리아어로 집필하는 데 큰 영향을 미쳤습니다. 또한 당시 유행하던 세속 노래도 각 나라의 언어로 불려야한다고 생각했습니다. 그런데 조국 이탈리아에서 오크어로 노래하고 작곡하는 일이 생겨나자, 자신의 책 『향연』에 다음과 같은 글을 적었습니다.

> 타인의 속어를 칭송하고 자기 자신의 언어를 멸시하는 이탈리아의 사악한 자들에게 영원한 수치와 타락을 안기기 위해, 나는 말하노라!

이처럼 한때 많은 이들의 사랑을 받던 세속 음악은 시간이 흐르면서 점차 쇠퇴해 갔습니다. 그러나 신에 관한 이야기로 가득했던 중세에도 가슴 시린 사랑 이야기와 흥미진진한 기사들의 모험, 허구의 세상에서 벌어진 이야기를 담은

'너무나도 자연스러운' 음악이 존재했다는 사실은 여전히 기억되고 있지요.

노트르담 대성당처럼!
13세기 아르스 안티콰

서양의 중세 시대 음악은 옛 것에서 새로운 것으로 물 흐르듯 자연스럽게 이동했습니다. '새로운 예술'이라는 뜻인 아르스 노바Ars nova로 막 넘어간 시기, 음악가들은 이전 시대를 향해 이렇게 말했습니다. "낡았어도 너무 낡았어!"라고요. 그리고 직전의 시대를 '옛 예술'을 뜻하는 아르스 안티콰Ars Antiqua로 불렀습니다. 물론 지금의 기준으로 보면 아르스 안티콰나 아르스 노바 모두 중세라는 시대 안에 존재한 음악이지만 말이에요.

새로운 예술을 주장했던 예술가들은 과거의 음악이 아주 천천히 새로운 음악을 향해 걸어가고 있었다는 사실을 정말 몰랐을까요? 어쩌면 단지 과거의 음악 어법이 지루하다는 것을 핑계 삼아, 교회 중심의 세상에서 음악을 자신들의 삶 가까이로 끌어오려는 마음이 더 컸던 것은 아닐까요? 이는 중세와 그 이후 시기를 구분 짓는 가장 큰 차이 중 하나이기도 합니다. 사실 중세는 어느 시대보다도 교회 안에 머무르려는 입장과 교회 밖으로 나아가려는 입장 사이의 온도 차이가 분명한 시대였거든요. 이런 점을 떠올리며, 이제 아르스 안티콰의 특징을 하나씩 살펴보도록 하겠습니다.

아르스 안티콰의 전성기로 볼 수 있는 13세기는 다성 음악이 본격적으로 꽃피기 시작한 시기입니다. 단선율에서 벗어나 화성의 아름다움을 찾아가는 여정이 본격적으로 시작된 때였지요. 특히 1163년 프랑스 파리에서 노트르담 대성당의 건축이 시작된 이후 약 한 세기 동안, 당시의 음악가들 역시 그에 걸맞은 화려하고 거대하며 웅장한 음악 양식을 만들어냈습니다. 이들을 우리는 '노트르담 악파'라고 부릅니다.

당시 음악가들은 기존의 단선율인 그레고리오 성가에 새로운 성부를 덧붙여 장식적이고 화려한 오르가눔Organum, 즉 초기 형태의 다성 음악을 만들어냈습니다. 이렇게 탄생한 다성 음악은 중세의 전통을 딛고 다음 시대의 음악 어법으로 이어지는 점진적인 진화를 이끌었지요. 오늘날 남아 있는 기록된 다성 음악들 가운데, 이 시기는 가장 중요한 전환점으로 평가받습니다. 이런 과정을 거치지 않았다면 '새로운 예술'도 존재하지 않았을지 모릅니다. 어제가 없었다면 오늘도 없듯이, 지금 이 순간 또한 흘러가며 미래를 만들어가는 것이니까요.

또한 다양한 성부를 활용해 새로운 음악을 만들어내기 위해 성악가들이 즉흥적으로 다성多聲의 노래를 실험했다는 기록도 전해집니다. 이는 작곡가가 미리 써놓은 악보에 따라 부르는 방식이 아니라, 여러 성악가가 각자 마음속의 멜로디를 따라 자유롭게 노래를 주고받는 방식이었죠. 필사가들은 그 즉흥적인 순간을 악보로 남겼고, 이후 그 악보를 바탕으로 다성 노래를 다듬고 발전시켜 나갔습니다. 이러한 실험과 기록을 통해 다성 성부는 점차 하나의 유행처럼 퍼져나가기 시작했습니다.

이 시기의 대표적인 인물도 함께 살펴볼게요. 먼저 레오냉은 아르스 안티카 시기 다성 음악의 선구자입니다. 서양 음악사에 한 획을 그은 작곡가이지만 그의 신원에 대한 정확한 정보는 없습니다. 다만, 그가 프랑스 사람이었고 노트르담 대성당에서 교회 음악가로 활동했을 것이라 추정하지요.

그의 대표작인 〈오르가눔 대전집〉은 미사와 성무일도에 사용되는 전례 음악을 위한 곡집입니다. 이 작품은 단선율이 아닌 두 개의 성부로 구성된 오르가눔 양식의 미사곡으로, 단선율 성가에서 벗어나 다성 음악을 체계적으로 기보한 서양 음악사 최초의 시도 중 하나로 평가받지요. 또 하나는 다성 음악에 리듬 개념을 처음으로 도입했다는 점입니다. 이전까지의 악보는 음의 높이만을 나타낼 뿐, 연주할 때의 길이

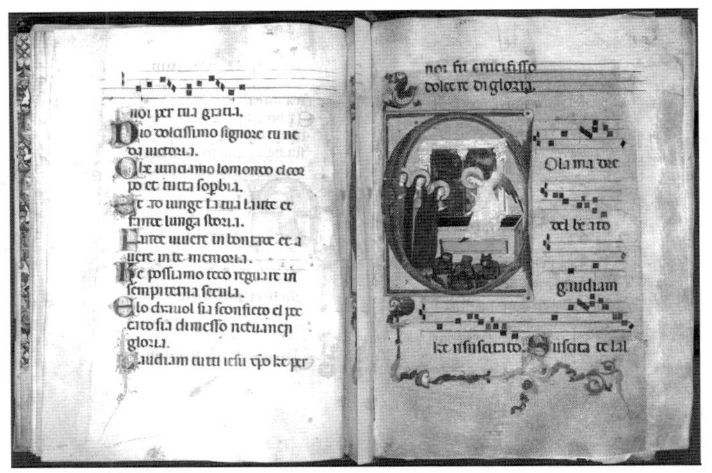

중세 음악가들은 그레고리오 성가 위에 성부를 더해 오르가눔을 만들었습니다

나 박자를 정확히 지시하지는 못했는데요. 그는 일정한 리듬의 패턴을 설정함으로써 연주자가 따라야 할 명확한 근거를 제시했습니다. 이 시도는 이후 기보법 발달의 중요한 기반이 되었지요.

레오냉과 같은 시대에 활동한 페로탱은 노트르담 악파의 정점을 이룬 작곡가로 평가받습니다. 레오냉이 주로 2성부 오르가눔을 작곡했다면, 페로탱은 이를 발전시켜 3성부와 4성부까지 확장하며 다성 음악의 새로운 지평을 열었지요. 특히 그는 두 성부 이상을 동시에 구성하는 데 도전하며, 빠르고 균등한 리듬감을 갖춘 다성부 작곡 기법에서 탁월한

 제2장. 이토록 신비한 소리, 중세 음악

페로탱의 〈알렐류야 나티비타〉 중 3번째 리듬 코드가 표기된 악보입니다

실력을 보여준 교회 음악 작곡가였습니다. 그의 대표작 중 하나인 〈비데룬트 옴네스〉는 4성부 오르가눔의 정수를 보여주는 작품으로, 길고 정교한 구조로 인해 연주 난이도도 매우 높습니다. 또한 페로탱은 기존 오르가눔의 일부분을 독립된 악절로 분리한 뒤, 그것을 새로운 작품으로 확장하는 방식도 자주 사용했는데요. 이러한 작곡 방식은 13세기 후반에 등장한 모테트(Motet, 여러 가사가 성부별로 동시에 진행되는 다성 성악곡) 형식의 기반이 되었습니다.

이 시기의 음악은 음표의 길이를 보다 명확히 구분할 수 있는 기보법으로 바뀌었습니다. 빠르고 정교한 리듬이 다성의 화음과 어우러지는 새로운 음악들이 등장하기 시작했지요. 그러나 시대의 흐름을 막을 수는 없었습니다. 아르스 노바의 시대로 접어들며, 아르스 안티콰의 음악은 점차 자리를 내주게 됩니다.

새로운 아름다움의 시절,
14세기 아르스 노바

서양 음악사에 기록된 중세의 이야기를 들여다보면, 하나의 공통된 흐름을 발견할 수 있습니다. 바로 각 시대의 음악이 마치 계단처럼 차근차근 이어지며 발전해 왔다는 점이지요. 14세기에 등장한 아르스 노바 역시 이러한 흐름 속에서 탄생한 새로운 시도였습니다. 물론 이 또한 다음 세대의 음악으로 나아가기 위한 합리적이고 세련된 한 걸음이었지요.

앞서 살펴본 것처럼, 아르스 노바는 라틴어로 새로운 예술을 뜻합니다. 보통 서양 음악사에서는 1310년대부터 1370년대까지 지속된 프랑스의 새로운 음악 양식을 말하지요. 중세 음악은 오랫동안 성가와 교회 음악의 전통 속에서 발전해왔습니다. 그러나 13세기 후반에 접어들면서 음악가들은 점점 더 정교하고 세련된 리듬과 화성을 탐구하기 시작했습니다. 이러한 변화는 14세기 프랑스를 중심으로 꽃피운 새로운 음악 양식, 아르스 노바로 이어졌고요.

프랑스의 행정관이자 가톨릭교회의 주교였던 필리프 드 비트리는 중세 말기 음악의 혁신을 이끈 개척자로 평가받습니다. 그의 가장 큰 업적 중 하나는 기보법의 혁신으로, 이는 아르스 노바의 기반이 되었지요. 비트리는 기존의 리듬 체계에서 벗어나, 이분법적 분할을 도입하여 박자 체계를 다양화했습니다. 또한 새로운 개념을 도입하여 리듬 표현의 정밀도를 높였지요. 이러한 혁신은 오늘날의 온음, 반음, 4분음, 8분음, 쉼표 등과 유사한 리듬 기호 체계의 발전에 기여했습니다.

불과 한 세기 전만 해도 노트르담 악파는 장음과 단음을 반복하며 리듬의 변화를 표현했지만, 아르스 노바 시대에 들어서면서 음악가들은 그보다 더 합리적이고 정교한 기법을 만들어내기 시작했습니다. 이러한 새로운 시도들은 오늘날 우리가 사용하는 현대 기보법의 기초가 되었습니다. 이 시기에는 또 다른 큰 변화도 함께 겪었습니다. 바로 양피지 대신 종이에 악보를 필사했다는 점입니다. 종이는 검은 잉크로 음표를 그리면, 양피지보다 더 쉽게 번지는 특성을 가지고 있었습니다. 때문에 기존처럼 음표 머리를 검게 칠하는 대신, 테두리만 그리고 속이 빈 음표 머리가 등장하게 되었죠.

이러한 기보법의 변화는 음악 형식과 표현 방식에도 큰 영향을 미쳤습니다. 그중 하나가 바로 동형 리듬Isorhythm입니다. 이는 같은 리듬 패턴을 반복적으로 사용하는 방식으로, 음악에 통일성과 구조감을 더해주었습니다. 또한 이 시기에는 삼위일체를 상징하여 완전하다고 여겼던 3박자뿐만 아니라, 그동안 불완전하다고 여겨졌던 2박자 리듬도 동등하게

　　제2장. 이토록 신비한 소리, 중세 음악

인정되기 시작했습니다. 리듬에 대한 인식 자체가 크게 확장되었던 것이지요.

이러한 변화에 대해 교회 내에서도 의견이 엇갈렸습니다. 새로운 방식을 반대하는 이들도 있었고, 적극적으로 지지하는 이들도 있었지요. 하지만 분명한 건, 누구나 이 시기의 새로운 시도가 음악의 흐름을 바꾸고 있다는 사실만큼은 인정하고 있었습니다. 관련하여 음악학자 자크 드 리에주의 〈음악의 거울〉(1330) 중 일부를 소개합니다.

나는 현대인들이 훌륭하고 아름다운 음악을 많이 지었음을 부인하지 않습니다.
그러나 이러한 이유로 선조들을 비방하고, 추방하려 해서는 안 된다고 생각합니다.
분명 좋은 것은 다른 것을 배척하지 않기 때문입니다.

아르스 노바를 이끈 음악가로 빼놓을 수 없는 인물이 바로 기욤 드 마쇼입니다. 그는 훌륭한 곡을 남긴 작곡가일 뿐 아니라, 자신의 작품을 체계적으로 정리하고 후대에 남기기 위해 노력했던 최초의 음악가 중 한 명이기도 합니다. 직접 필사가들이 악보를 옮기는 과정을 감독하며, 하나하나의 곡을 꼼꼼하게 기록해 나갔지요. 이런 태도는 그 자체로 '새로

아르스 노바는 14세기 유럽의 새로운 음악 양식을 뜻하는 '새로운 예술'입니다

운 예술'을 실천한 아르스 노바적인 사고방식이었습니다. 심지어 그를 연구한 음악학자들은 그가 세상을 떠난 1377년을 아르스 노바 시대의 종점으로 보기도 합니다. 그만큼 기욤은 새로운 예술의 정신을 온전히 체현한 인물이었습니다.

오늘날 전해지는 그의 작품은 235개의 발라드, 76개의 롱도, 39개의 비를레, 24개의 레 등 약 400편에 이릅니다. 이 가운데 절반은 교회 음악이며, 그중 가장 유명한 작품이 바로 〈노트르담 미사〉이지요. 이 미사곡은 중세는 물론, 서양 음

　　　　제2장. 이토록 신비한 소리, 중세 음악

기욤 드 마쇼의 롱도 〈제 마음은 오롯이 당신께〉는
아르스 노바의 특징을 담은 작품입니다

악사 전체를 통틀어 최초로 한 작곡가가 미사 통상문 전곡을 하나의 통일된 음악적 구상으로 작곡한 작품입니다. 이후의 교회 미사곡 작곡에 큰 영향을 주었고, 웅장하면서도 성부 간의 조화로움이 뛰어난 작품으로도 높이 평가받고 있습니다.

이 시기를 지나며 음악은 점점 '신을 위한 노래'에서 '인간의 감정을 담아내는 예술'로 변화하기 시작했습니다. 사람들은 신앙뿐만 아니라, 자신들의 기쁨과 슬픔, 사랑과 고통을 표현할 수 있는 음악을 원했고, 아르스 노바는 그러한 변화를 보여주는 출발점이었습니다. 이러한 흐름은 자연스럽게 르네상스 음악으로 이어졌고, 새로운 시대의 문을 열었습니다.

우리가 앞서 만난 비트리 주교와 기욤 드 마쇼는 그 시대를 살아낸 용기 있는 음악가이자 시인이었습니다. 그리고 우리가 이름을 기억하지 못하는 수많은 연주자, 작곡가, 필사가, 그리고 그 음악을 즐겼던 평범한 이들 역시 아르스 노바라는 새로운 세계를 함께 만들어간 주인공이었음을 잊지 않아야 하겠습니다.

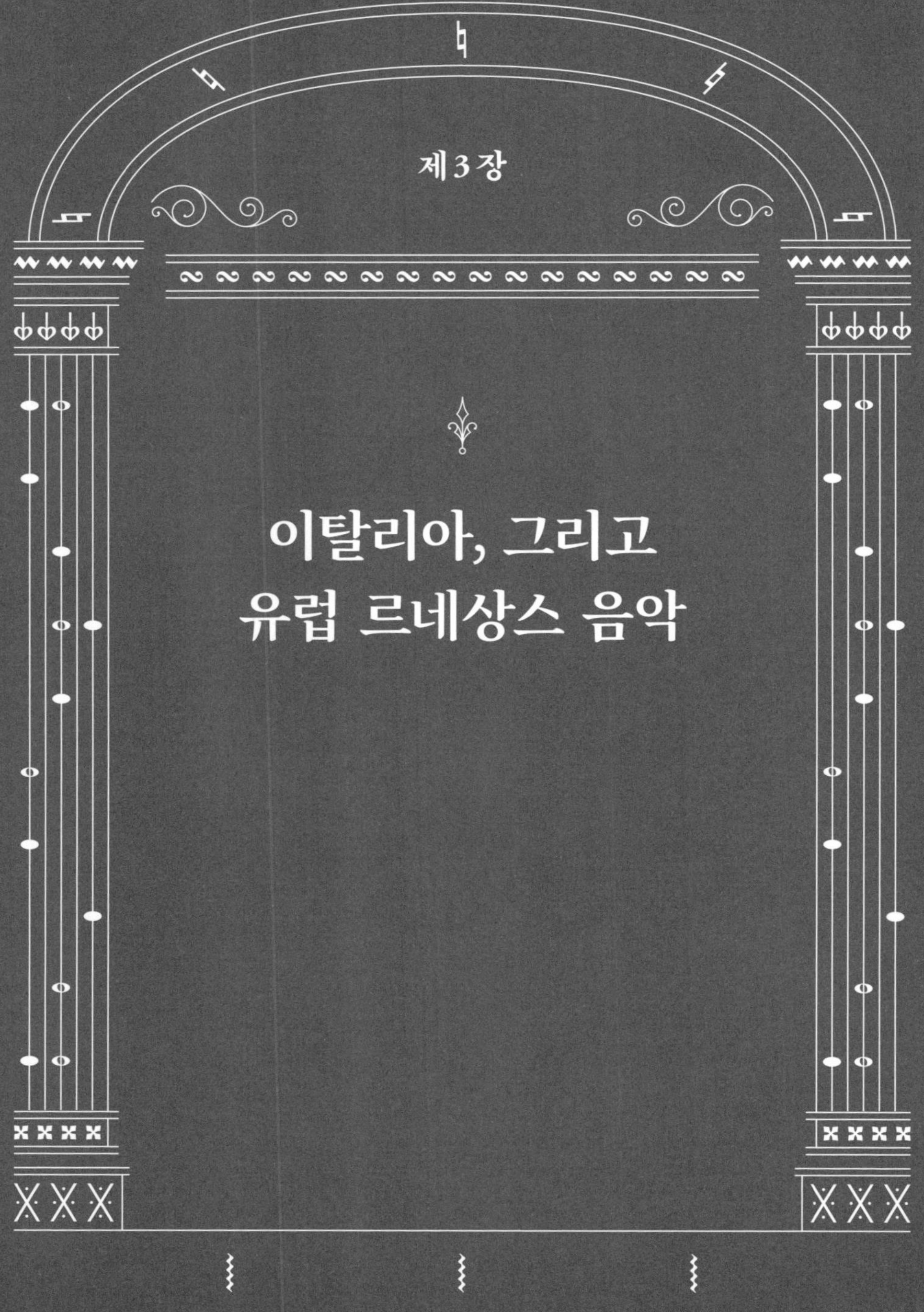

제3장

이탈리아, 그리고
유럽 르네상스 음악

영국의 대문호 윌리엄 셰익스피어의 『말괄량이 길들이기』,
『베로나의 두 신사』, 『로미오와 줄리엣』, 『베니스의 상인』에
는 공통점이 하나 있습니다. 모두 이탈리아를 배경으로 한
작품이라는 점이지요. 셰익스피어는 1592년부터 1598년까
지 이탈리아를 무대로 한 작품을 연달아 발표했습니다. 그는
특별히 이탈리아를 좋아했기 때문일까요? 아니면 당시 영국
문학계에서 이탈리아를 배경으로 한 이야기가 유행이었던
걸까요? 혹은 영국 독자들이 특히 좋아하던 소설의 배경이
이탈리아였던 걸까요?

그 시절 이탈리아는 유럽 대륙, 특히 섬나라 영국 사람
들에게 동경의 대상이었습니다. 16세기 이탈리아는 사회, 정

치, 문화, 예술 등 여러 방면에서 가장 앞서 있던 곳이었지요. 유럽에서도 이탈리아의 도시들, 특히 로마, 피렌체, 베네치아는 눈에 띄게 발전해 있었습니다. 실제로 당시 이탈리아는 유럽에서 가장 잘 닦인 도로망을 갖춘 나라로 여행자들의 기록에 자주 언급되기도 했습니다.

셰익스피어가 파도바, 베로나, 베니스를 무대로 이야기를 만든 이유는 정확히 알 수 없습니다. 하지만 확실한 건, 그가 생각한 이탈리아는 '좋은 곳', '살고 싶은 곳', '괜찮은 곳'이었다는 점입니다. 만약 그가 이탈리아에 대해 부정적인 인상을 갖고 있었다면, 결코 자신의 작품 배경으로 선택하지 않았을 것입니다. 그의 '이탈리아식' 작품들을 통해, 르네상스 시절의 이탈리아가 영국을 비롯한 유럽 사람들에게 이상향 같은 동경의 장소였음을 짐작할 수 있습니다.

유럽 역사가들은 중세와 고대 사이에서 눈에 띄는 발전이 골고루 나타났던 14~16세기를 르네상스로 구분해왔습니다. 이탈리아를 중심으로 유럽 여러 나라에서 일어난 전반적인 변화와 움직임을 뜻하는데요. 각 지역마다 속도와 내용은 조금씩 달랐지만, 서로 영향을 주고받으며 발전해갔습니다.

르네상스는 프랑스어로 '다시 태어나다'는 뜻입니다. 구텐베르크의 활자 인쇄술 발명, 마틴 루터의 종교 개혁, 아프리카 항해를 후원한 포르투갈의 엔히크 왕자, 그리고 신대륙을 발견한 콜럼버스의 항해 등은 이전 세계와는 전혀 다른 세상을 열어가는 사건들이었습니다. 그래서 이 시기를 '르네상스'라 부르는 데 손색이 없는 것이지요.

르네상스의 베네치아는 매일이 호황이었습니다. 리알토 다리 주변에는 짐을 나르는 배들이 늘 정박해 있었고, 올리브 오일을 가득 실은 배는 상인들의 창고를 오가느라 분주했지요. 당시 이곳의 병원은 유럽에서도 가장 앞선 시설을 갖췄다고 전해집니다. 남편을 잃은 여성이나 부모 없는 아이들을 돌보는 제도와 시설도 운영되고 있었지요.

이탈리아 르네상스를 연구한 스위스의 미학자 겸 역사학자 야콥 부르크하르트는 베네치아만의 독특한 도시 발전 방식에 주목했습니다. 예를 들어 독일의 귀족들은 산 속의 높은 성에 살았고, 프랑스와 영국의 귀족들은 파리나 런던 근교 전원에 성을 지어 살았습니다. 반면 베네치아의 실질적인 권력을 가진 귀족 가문들은 도시 중심에 거주했습니다. 그들은 하인, 시민, 다른 귀족, 성직자들과 하루에도 몇 번씩 마주칠 수 있는 공간에서 살아갔습니다. 결국 주거의 위치가 베네치아의 발전과 영광을 만든 요소였던 셈이지요. 그리고 이와 같은 도시의 생활 양식이 자연스럽게 이탈리아의 르네상스로 이어졌다는 해석도 가능합니다. 두어 번 곱씹어 보면, 고개가 끄덕여지지요.

   제3장. 이탈리아, 그리고 유럽 르네상스 음악

또한 당시 베네치아의 귀족들은 자녀 교육에 있어 아들과 딸을 구별하지 않고 공평한 기회를 주었습니다. 그 이유는 고대 그리스의 문화유산을 삶에서 가장 중요한 자산으로 여겼기 때문입니다. 그들은 자녀에게 라틴어를 말하고 쓰는 삶을 가르쳤고, 공식적인 자리에서 라틴어로 대화하는 것을 교양으로 여겼습니다. 더불어 약자를 돕는 정의, 고대의 지혜를 계승하려는 지식, 그리고 인간으로서 더 나은 존재가 되기 위한 노력이 바로 르네상스 시대를 관통한 정신이었던 것입니다.

서양 음악사 속 르네상스는 풍요의 시기로 기억됩니다. 가장 중요한 사건 중 하나는 악보를 활판 인쇄로 찍어낼 수 있게 된 것입니다. 이전에는 손으로 필사하거나 목판을 이용했지만, 인쇄술의 발전으로 더 많은 사람이 음악을 배우고 연주할 수 있게 되었지요. 또 하나의 변화는 성악 중심에서 기악 중심으로 음악의 중심축이 옮겨가기 시작했다는 점입니다. 이전에는 큰 주목을 받지 못했던 악기와 기악 음악에 대해 작곡가들이 점차 관심을 갖고 다양한 시도를 시작했습니다. 이때부터 칸초네(이탈리아식 가곡), 소네트라(작은 소나타), 변주곡 등의 음악 형식이 유행하기 시작했지요.

음악은 귀족 사이에서 반드시 익혀야 할 교양의 일부로 여겨졌습니다. 백년전쟁 종전 후, 영국의 음악가들은 유럽 대륙으로 왕래하면서 영국의 작품을 소개할 수 있었고요.
종교 개혁 이후에는 루터 교회에서 신자들이 모두 함께 부를
수 있는 독일어 미사곡이 만들어졌습니다. 당시 음악적으로
가장 앞선 나라는 영국이었고, 대륙에서는 브루고뉴 악파와
플랑드르 악파 등이 각자 고유한 음악 문화를 발전시켜 나갔
습니다.

르네상스 3인방:
뒤페, 오케겜, 팔레스트리나

서양 미술사에 미켈란젤로, 라파엘로, 레오나르도 다 빈치라
는 르네상스 3대 거장이 있는 것처럼 서양 음악사에도 르네
상스 시대를 대표하는 세 사람이 있습니다. 바로 뒤페와 요
하네스 오케겜, 팔레스트리나가 그 주인공이죠. 이들은 어떤
업적을 남겼기에 오늘날까지 기억될 수 있는 걸까요?

르네상스의 코스모폴리탄 뒤파이

첫 번째 주인공인 기욤 뒤페는 15세기 유럽을 대표하는 작

곡가이자 로마 가톨릭 사제로, 프랑스 북부 캉브레에서 태어났습니다. 그는 독일과 리미니, 볼로냐, 로마, 피렌체 등 여러 도시의 교회에서 사제로 봉직했고, 1428년에는 교황 마르티노 5세와 교황 에우제니오 4세 시절, 교황청 합창단의 음악 감독으로도 활동했습니다. 이는 당대 최고의 음악가에게만 주어지는 영예로운 자리였지요. 이후 1439년 새 교황으로 아마데우스가 선출되자 그는 고향인 캉브레로 돌아가 여생을 보냈습니다.

사제라는 신분 덕분이었을까요. 그는 여러 지역을 이동하는 기회를 통해 다양한 문화와 예술적 환경을 경험하며, 르네상스 시대의 코스모폴리탄Cosmopolitan, 즉 '국제인'으로 성장했습니다. 그의 작품은 특정 지역의 음악 양식에 한정되지 않고, 동시대 작곡가들의 다양한 기법을 흡수한 혼합적인 음악 스타일을 보여줍니다. 특히 그는 당대의 음악 선진국이었던 영국의 음악 양식을 연구했으며, 중세 선율과 3성부로 된 미사 형식, 다양한 나라의 화성 기법 등을 참고해 새로운 교회 음악 양식을 발전시켰습니다.

15세기에는 작곡에 집중하는 음악가들이 늘어나기 시작했는데요. 이는 단순히 작곡 활동이 많아졌기보다 인쇄술의 발달로 그들의 작품이 더 널리 알려질 수 있었기 때문이기도 합니다. 평생을 교회를 위해 음악을 작곡하며 보낸 뒤페는 서양 음악사 최초로 '작곡가'라는 명칭으로 기록된 인물이기도 하지요. 모테트, 칸투스Cantus, 칸틸레나Cantilena 등 다양한 종교 음악을 작곡했고, 그가 만든 작품은 유럽 전역의 교회에서 연주되었습니다.

프랑스의 중세를 책임진 음악가, 오케겜

1450년부터 1520년까지 프랑스의 플랑드르 악파Flemish School로 불리는 작곡가들은 중세 음악의 전통 위에 유럽의 새로운 음악 언어를 접목시켰습니다. 그 선두에 선 인물이 바로 요하네스 오케겜이었습니다. 그는 성악의 음역을 확장하는 시도를 했는데요. 특히 각기 다른 음높이의 노래 파트를 담당하는 성부들에게 동등한 역할을 부여하며, 각 성부가 서로를 모방하면서도 조화를 이루는 모방 기법Imitative Counterpoint을 적극적으로 도입했습니다.

오케겜은 로마 가톨릭 사제이자 베이스 음역대의 성악가로, 무려 세 명의 프랑스 왕을 섬긴 인물이었습니다. 그는 왕의 예배당 합창단장과 왕실의 음악 교사로도 일했는데요. 앞서 살펴본 뒤페가 다양한 지역에서 경험을 쌓으며 국제적인 음악 언어를 구사했던 것과 달리, 오케겜은 프랑스를 중

    제3장. 이탈리아, 그리고 유럽 르네상스 음악

심으로 그 지역만의 음악적 전통과 어법에 집중한 작곡가였습니다.

오케겜은 1420년경 벨기에의 생 길랭에서 태어났습니다. 젊은 시절에 대한 자세한 기록은 남아 있지 않지만, 그는 르네상스 중기 음악사에서 중요한 여러 교회 음악을 남긴 인물입니다. 그의 초기 생애에 대한 기록이 부족한 것처럼, 그의 작곡 작품들 또한 극히 일부만 오늘날까지 전해지고 있습니다. 현존하는 가장 오래된 다성 음악 작품인 〈레퀴엠〉을 비롯해, 14편의 미사곡과 20편의 샹송, 그리고 몇 편의 모테트가 남아있지요.

그는 부르봉 공작 샤를의 음악가로 일하다가, 1451년에 프랑스 국왕 샤를 7세의 궁정 성가대에서 수석 성가대 사제로 임명되었습니다. 이후에도 루이 11세, 샤를 8세에 이르기까지 세 명의 국왕 아래에서 성가대 수장으로 봉직했지요. 세상을 떠날 때까지 그는 '왕립 성가대장'이라는 칭호를 사용할 수 있었습니다. 이러한 경력만으로도 당대에 그의 위상이 어떠했는지 짐작해볼 수 있지요.

동시대인들은 그의 음악을 높이 평가했습니다. 1480년 경부터는 뒤페의 음악 어법보다 오케겜의 스타일이 후대 음악가들에게 본보기로 제시되었을 정도로요. 이처럼 존경을 받은 흔적은 후배 작곡가 조스캥 데 프레의 추모곡에서도 확인할 수 있습니다. 조스캥은 오케겜과 동시대를 산 작곡가로, 오케겜이 세상을 떠난 뒤 시인 장 몰리네의 시에 곡을 붙여 〈요하네스 오케겜을 위한 애가〉를 만들었습니다. 이는 후배 음악가들이 그에게 가졌던 존경심을 보여주는 아름다운 음악적 헌사이지요.

르네상스의 베토벤, 팔레스트리나

16세기 최초로 자신의 작품 전집을 출판한 작곡가, 바로 조반니 피에를루이지 다 팔레스트리나입니다. 그를 어떻게 설명하면 좋을까 고민하던 중, 문득 떠오른 음악가의 얼굴이 있었습니다. 바로 루트비히 판 베토벤이지요. 고전주의 음악의 가장 굵은 뼈대를 베토벤이 세웠다면, 르네상스 음악의 뼈대는 팔레스트리나가 만들었다고 해도 과언이 아닙니다. 그만큼 팔레스트리나가 정리하고 제시한 음악적 원칙들은 훗날 음악가들의 출발점이 되었고, 오늘날까지도 전 세계 교회와 음악회에서 그가 교회를 위해 작곡한 작품들이 연주되고 있습니다.

팔레스트리나는 로마 가톨릭 전례 음악의 이상적인 형태를 확립한 인물입니다. 그의 음악은 정교한 대위법(여러 성

15세기 후반 요하네스 오케겜이 작곡한 미사곡
〈주님의 여종을 보라〉 중 '키리에'의 한 부분입니다

부가 서로 독립적으로 움직이면서도 조화를 이루는 작곡 기법)과
부드럽고 안정된 화성 진행을 특징으로 하며, 무엇보다 가사
의 전달을 최우선으로 여겼습니다. 당시 트렌트 공의회에서
는 교회 음악이 너무 복잡해 기도문의 가사가 제대로 전달되
지 않는다는 비판이 있었는데요. 이에 팔레스트리나는 명료
한 가사 전달과 아름다운 선율을 조화롭게 결합한 미사곡을
작곡해 이 문제를 해결하려 노력했습니다. 그의 이러한 작곡
방식은 이후 교회 음악의 새로운 표준이 되었지요.

1525년경 로마 근교의 팔레스트리나에서 태어난 그는

삽화 속 왼쪽, 작은 파이프 오르간 옆에 서 있는 남자가 뒤페입니다

어린 시절부터 로마의 성당에서 성가대원으로 활동하며 음악적 재능을 키웠고, 1544년에는 고향 성당에서 오르간을 연주하는 음악가인 오르가니스트Organist로 첫 직장 생활을 시작했습니다. 이후 성가대 지휘자와 음악 감독으로 활동하며 교회 음악가로서 입지를 다졌고, 1554년에는 교황 율리우스 3세에게 헌정한 미사곡집을 출판했습니다. 이 작품이 큰 인기를 얻으며 그는 단숨에 당대 최고의 작곡가로 떠올랐습니다. 이후 그는 로마의 주요 성당들에서 음악 감독과 지휘자로 활약하며 명성을 쌓아갔습니다.

 제3장. 이탈리아, 그리고 유럽 르네상스 음악

그는 100곡이 넘는 미사곡과 300여 곡의 모테트, 수많은 마드리갈과 종교 합창곡을 남겼습니다. 그의 음악은 단순하면서도 숭고한 아름다움을 지니며, 르네상스 교회 음악의 정점으로 평가받습니다. 음악적 명성이 유럽 전역에 퍼졌을 때, 팔레스트리나는 여러 귀족 가문의 스카우트 제안을 받기도 했는데요. 그는 끝내 로마를 떠나지 않고 교회를 위한 음악가로 살아갔습니다. 그는 세상을 떠난 후 로마 성 베드로 대성당에 안장되었습니다.

모두를 위한 악보 인쇄술의 발달

1450년 유럽 최초의 활판 인쇄물인 『구텐베르크 성경』이 출판되었습니다. 이후 이탈리아를 중심으로 유럽 여러 도시에서 인쇄 방식에 점진적인 변화가 일어났고, 이는 책 제작에 있어 혁명적인 변화로 작용했습니다. 인쇄술의 발전이 가져온 가장 유익한 변화는 더 많은 사람이 더 저렴한 가격으로 지식에 접근할 수 있게 된 것입니다. 즉, 지식을 소수만이 독점하던 시대에서 보다 많은 이들이 지식을 공유하는 시대로 자연스럽게 나아가게 된 것이지요. 책을 제작하는 입장에서 출판 비용이 절감되었고, 독자 입장에서는 더 많은 책을 읽을 수 있도록 인쇄술의 발전을 간절히 기다렸을 것입니다. 만약 구텐베르크가 고려를 여행하여 1377년에 금속활자로 인쇄된 『직지』를 보았다면, 유럽의 인쇄술 발전이 훨씬 더 빨라졌을지도 모르겠습니다.

르네상스 시대의 인쇄술 발전은 책을 읽을 수 있는 계층을 넓히는 데 결정적인 역할을 했습니다. 그전까지는 왕실, 귀족, 성직자 등 극히 일부 계층만이 책이라는 희귀한 물건을 접할 수 있었지만, 이제는 일반 시민들도 점차 책을 읽을 수 있는 환경이 마련된 것이지요. 그 시절 인쇄술의 가장 위대한 공헌을 하나 꼽자면, 누구나 지식 앞에 평등하게 설 수 있도록 책이라는 다리를 놓아준 일이 아닐까 싶습니다.

또한 그 시절 책은 대부분 작가의 모국어가 아닌 라틴어로 쓰이는 것이 일반적이었습니다. 그러나 인쇄술이 발전하면서 모국어로 된 책에 대한 수요도 점차 늘어났습니다. 이는 종교 개혁과 함께한 흐름이기도 했지요. 당시 평범한 사람들이 우연히 책을 접하게 되더라도, 라틴어를 알지 못한다면 그 안에 담긴 위대한 지혜를 이해할 수 없는 시절이었으니까요. 지난 수세기 동안 인류는 지식을 보존하고 전승하기 위해 손으로 책을 필사해왔습니다. 하지만 르네상스 시대에 들어 인쇄술의 발명은 이러한 책 제작 방식을 크게 바꾸어놓았습니다. 어쩌면 인쇄술은 인류 역사상 뛰어난 발명 중 하나인지도 모르겠습니다.

활판 인쇄술의 등장은 서양 음악사에도 결정적인 전환점을 가져왔습니다. 르네상스 시기 악보 인쇄술의 발달은 책과 마찬가지로 더 많은 사람들에게 음악을 전달할 수 있는 기회를 만들어 주었습니다. 악보 인쇄 비용이 낮아지자 더 많은 악보가 제작 및 유통되었고, 이는 음악가와 일반 시민 모두에게 긍정적인 영향을 미쳤습니다. 악보가 많아졌다는 것은 그만큼 악보를 사용하는 사람들이 많아졌다는 뜻입니다. 작곡가들은 그들을 위한 세속 음악을 더 많이 작곡했고, 악보를 출판해 수익을 얻을 수도 있었습니다. 이와 함께 성악 중심의 음악에서 벗어나 악기만으로 연주되는 기악 작품들도 탄생하며, 다양한 음악 장르가 개발되었습니다. 한 마디로 인쇄술의 발전이 음악을 다채롭게 만든 것이지요.

서양 음악사 최초의 활판 악보 인쇄는 1476년 울리히 한이 출판한 『미사 전례서』를 통해 이루어졌습니다. 울리히 한은 이탈리아 최초의 인쇄업자이자 로마에서 활동한 독일계 출판인으로, 이탈리아 인문학자 지오반니 안토니오 캄파니와 함께 고전 문학, 종교 서적, 법률서, 악보 등을 출판했지요.

활판 인쇄술은 음표, 오선, 가사 등을 자유롭게 배열할 수 있었고, 작품에 따라 유연하게 편집이 가능했습니다. 이는 이전의 어떤 방식보다 간편하면서도 정확한 인쇄 방식이었습니다. 다만, 모든 음표와 기호를 정확한 순서에 맞게 조립해야 했고, 인쇄 중 오류가 생기지 않도록 세심한 주의가 필요했습니다. 특히 수정 작업에 대한 급여가 지급되지 않던 환경에서는 실수를 줄이는 것이 매우 중요했지요.

본격적인 악보 인쇄 방식의 변화는 베네치아에서 시작되었습니다. 1490년경부터 인쇄 기술을 배운 오타비아노 페트루치는 『다성 음악 100곡집』이라는 제목의 악보집을 출판했습니다. 이 악보집에는 앙투안 부스누아, 조스캥 데프레, 하인리히 아이작 등 르네상스 시대를 대표하는 작곡가들의 세속 노래가 담겨 있었습니다. 또한 이전 시대를 통틀어 가장 완벽하고 아름다운 악보집으로 손꼽히지요. 음표 간격, 선율 배치 등에서 정확성과 조형미를 모두 갖춘 악보였으며, 눈으로 보는 것만으로도 음악이 느껴질 정도였습니다. 활판 인쇄술이 르네상스를 얼마나 세련되게 변화시켰는지를 보여주는 예라 할 수 있지요.

페트루치는 '3도 인쇄법'을 사용했습니다. 즉, 오선, 음표 및 음악 기호, 가사를 따로따로 세 번에 나누어 인쇄한 건데요, 시간과 비용이 더 드는 방식이었지만, 그만큼 정확하고 품질이 뛰어난 악보를 만들어낼 수 있었습니다. 사업적 감각도 뛰어났던 그는 베네치아에서 활판 인쇄 기술에 대한 특허를 받고, 20년간 독점 제작 권한도 보장받았습니다. 이

　제3장. 이탈리아, 그리고 유럽 르네상스 음악

1537년, 악보를 최초로 대량 인쇄한 피에르 아테냥은
프랑수아 1세에게 왕실 인쇄업자로 임명되었습니다
©BnF

후 1523년까지 59권의 성악 및 기악 악보집을 출판하며 유럽 음악사에 큰 발자취를 남겼습니다.

1520년 영국 런던에서는 존 레스텔이 활판 인쇄 방식으로 악보를 제작했고, 1528년 프랑스에서는 피에르 아테냥이 인쇄 기술을 완성시켰습니다. 특히 아테냥은 활판 인쇄술을 활용해 악보를 최초로 대량 생산한 인물로, 50권이 넘는 다성음 샹송, 13권의 모테트, 3권의 미사곡, 오르간과 류트용 악보집 등 다양한 출판물을 남겼습니다. 그는 이러한 공로를 인정받아 1537년 프랑수아 1세로부터 왕실 인쇄업자 직위를 수여받았습니다. 이후 17세기 후반 동판 인쇄술이 등장하기 전까지, 유럽의 악보 인쇄는 주로 아테냥의 방식을 따랐지요.

악보의 대량 생산은 시장에 경쟁을 불러왔고, 그 수혜자는 결국 음악을 듣고 연주하고 싶어 하던 일반 대중이었습니다. 활판 인쇄술 덕분에 음악이 더 이상 소수의 전유물이 아닌 모두의 것이 되는 시대가 열린 것입니다. 르네상스가 끝날 무렵에는 로마, 뉘른베르크, 리옹, 루뱅, 런던, 베네치아, 파리 등지에서 활판 인쇄로 제작된 악보들이 출판되었습니다. 다만, 교회의 성가집은 여전히 필사 방식을 고수하기도 했습니다. 그럼에도 불구하고, 인쇄술의 발명은 서양 음악사를 넓고 깊게 확장시킨 사건으로 기억될 만합니다.

       제3장. 이탈리아, 그리고 유럽 르네상스 음악

악기들의 합창

"우리는 음악이 본질적으로 나무, 현, 가죽, 금속으로 된 악
기에서 나오는 소리로 만들어졌다는 것을 기억해야 합니
다. 즉 물질이 없으면 음악도 없습니다"

_헥토르 베를리오즈, 『관현악법에 대한 논고』(1855) 중에서

르네상스 시대에 접어들며 음악사에서 눈에 띄게 달라진 흐
름 중 하나는 바로 악기입니다. 언제나 우리 곁에 있었지만,
이전까지는 악기를 특별하게 바라본 적이 없었기 때문일지
도 모릅니다. 르네상스 이전까지 음악에서 악기는 주요한 요
소가 아니었습니다. 성악이 중심이었고, 특히 소년이나 남성
의 목소리만이 신을 찬미할 수 있다고 믿는 전통이 오랫동안
이어져 왔지요. 오늘날 전해지는 중세 음악 작품들만 보더라
도 성악 중심의 곡들이 압도적으로 많다는 사실을 쉽게 확인
할 수 있습니다.

물론 성악이 중심이던 시대에도 기악곡은 존재했습니
다. 왕실이나 귀족 가문의 결혼식, 장례식 등 의례를 위한 음
악, 교회의 전례용 기악곡, 연회나 사교 모임을 위한 배경음
악, 성악곡의 반주, 즉흥적인 춤곡 연주 등 다양한 용도로 사
용되었지요. 하지만 이 모든 경우에도 기악은 '주인공'이 아

니라 보조적인 존재였습니다. 마치 고대부터 전해져 내려온 소뿔이나 고둥처럼, 단순히 소리를 내는 도구로서의 역할에 머물러 있었던 것이지요.

그러나 구텐베르크의 금속 활자 인쇄술 발명 이후, 상황은 크게 달라졌습니다. 성악에서 기악으로 사람들의 관심이 점차 옮겨갔고, 이는 종교 개혁, 기술의 발전, 개인에 대한 탐구 등 여러 환경이 맞물려 돌아간 결과이기도 했지요. 르네상스 시기에서 시작해 후기 낭만주의에 이르며, 기악은 점차 음악의 중심이 되어갔습니다. 물론 성악은 여전히 중요한 장르였지만, 시대가 지날수록 기악에 대한 관심과 열정은 더욱 커져갔지요. 기존에 존재하던 다양한 악기들에 대한 관심과 연구가 활발해졌고, 새로운 악기들도 하나둘씩 등장했습니다. 작곡가들은 악기의 개성을 극대화할 수 있는 극적이고도 효과적인 작곡 기법을 고안해내기 시작했지요.

또한 당시의 관악기, 현악기는 하나의 '세트'로 제작되어 함께 연주되는 경우가 많았습니다. 가령 높은 음을 담당하는 바이올린, 조금 낮은 음역인 비올라, 아주 낮은 음역의 첼로는 하나의 가족 악기Family of Instruments가 되었으며, 4~7개의 악기로 구성된 작은 앙상블은 콘소트Consort라 불렸습니다. 당연히 이를 위한 작품들도 필요해졌고요.

이러한 상황에서 새로운 음악을 창작하는 것도 중요했

    제3장. 이탈리아, 그리고 유럽 르네상스 음악

지만, 기존의 음악 자료를 새롭게 활용하는 것도 커다란 가치를 낳는 일이었습니다. 르네상스의 작곡가들은 기악을 위한 새로운 작품을 고심하는 한편, 이미 존재하던 성악 작품을 기악용으로 편곡하는 방식에도 주목했습니다. 같은 곡이라도 사람이 부르느냐, 악기가 연주하느냐에 따라 전혀 다른 인상을 줄 수 있었기 때문이지요.

이와 같은 흐름은 악기를 새로 만드는 대신, 기존 악기를 개량하는 방식으로 이어졌습니다. 리코더, 가로로 부는 초기 플루트, 코르넷, 트럼펫 등의 악기들이 발전했고, 오르간의 음역을 옮기는 '스탑Stop' 기능도 이 시기에 발명되었지요. 초기 트롬본의 형태인 삭버트Sackbut나, 특이한 소리를 내는 관악기 크룸호른Crumhorn 등도 이 시기에 등장하며 관악기의 다양성과 매력을 한층 확장시켰습니다. 류트도 빼놓을 수 없습니다. 르네상스를 기준으로 이미 500년 넘게 사용된 악기였는데요. 휴대가 쉽고 연주법이 크게 어렵지 않아 귀족 가정의 여성들이 집에서 배우는 대표적인 악기 중 하나였지요. 이 외에도 하프시코드Harpsichord, 클라비코드Clavichord 등의 건반 악기들이 르네상스 시대부터 본격적으로 주목을 받기 시작했습니다.

이 악기들을 위한 작품들도 등장했습니다. 그 가운데 가장 돋보이는 새로운 음악 양식이 바로 변주곡Variation입니다.

변주곡은 하나의 주제를 다양한 방식으로 변형하여 연주하는 형식으로, 건반 악기의 개성과 표현력을 극대화할 수 있는 방식이었습니다. 주제와 그 변주들이 건반을 통해 흐르듯 이어지는 이 형식은 르네상스 기악의 중요한 성과 중 하나였습니다.

이 시기 유럽의 공통적인 교양은 춤이었습니다. 왕실과 귀족의 저택에서 늘 연회가 열렸으니까요. 교양 있는 사람의 필수 덕목 중 하나였던 춤과 춤곡도 르네상스 시기를 거치며 화려한 발전을 이뤘습니다. 기존에는 악기 연주자들이 현장에서 즉흥적으로 연주하던 춤곡이, 점차 하나의 작품으로 구성된 춤곡으로 변화하게 되었고요. 춤을 위한 음악뿐 아니라, 순수한 감상용으로 연주되는 춤곡으로도 분화되기 시작했습니다.

르네상스 시기에 기악 음악이 가장 발달한 곳은 베네치아였습니다. 15세기까지 막대한 부를 축적했던 이곳에서는 말 그대로 악기의 르네상스가 펼쳐졌습니다. 성 마르코 대성당에서는 당대의 내로라하는 음악가들의 작품이 연주되었고, 특히 20명 이상의 연주자들이 함께하는 작품이 인기를 끌었지요.

전례용 기악 음악도 본격적으로 등장했습니다. 미사 중간이나 끝에 오르간 등으로 연주되던 칸초나Canzona, 소나타

    제3장. 이탈리아, 그리고 유럽 르네상스 음악

프리드리히 라이허르트의 그림 〈구텐베르크의 첫 인쇄〉는
인쇄 직후 글을 읽는 순간을 담았습니다

Sonata 등은 하나의 독립된 작품 형식으로 발전해 갔습니다. 작곡가들은 기존의 음악적 재료들을 바탕으로 새로운 세계를 구축해 나갔고, 이러한 시도는 고전주의와 낭만주의 시대의 음악적 성과로 이어졌습니다.

나를 향하는 공부 인본주의

스위스 바젤 출신의 미술, 문화사학자인 야콥 부르크하르트는 대표작 『이탈리아 르네상스 이야기』에서 아주 흥미로운 주장을 내놓습니다. 바로 귀족과 천민이 서로의 감정을 통해 결혼할 수 있었던 시기는 15세기부터였다는 분석이지요. 즉, 15세기 이탈리아에서는 귀족과 평민이 사랑에 빠지면 실제로 결혼에 이를 수 있었다는 이야기입니다. 물론 어느 시대 혹은 사회든 신분 차이를 뛰어넘는 사랑 이야기 하나쯤 전해지기 마련이지만, 부르크하르트는 여기서 중요한 점을 강조합니다. 이전 사회에서 허용되지 않았던 신분 간 결합이 감정을 근거로 성립되었다는 사실, 바로 이것이 르네상스 시대의 본질적인 변화라는 것이지요.

그 배경에는 르네상스 인본주의가 있습니다. 인본주의란 인간을 가장 중요한 존재로 보고, 인간의 감정과 이성, 행복을 소중히 여기는 사상인데요. 신 중심의 사고에서 벗어나 개인의 감정, 판단, 존엄성을 중시했던 시대적 흐름이 바로 르네상스였고, 이는 "사랑하는 마음이 있다면 신분과 관계없이 결혼할 수 있다"는 당시 사람들의 새로운 사고방식으로 이어졌던 것입니다.

이러한 사고의 전환은 음악사에서도 확인할 수 있습니

다. 오늘날에는 너무나도 당연하게 여겨지는 사실이지만, 당시로서는 무척이나 생소한 일, 음악가가 아닌 사람도 교양을 위해 음악을 공부하기 시작했다는 점이 바로 그것입니다. 앞서 언급했던 인쇄술의 발달로 악보를 구하기 쉬워지면서, 사람들은 '나도 이 악보를 한번 배워볼까?' 하는 마음으로 음악을 직접 배우고 연주하려는 시도를 하기 시작했습니다.

이런 흐름은 르네상스 시대 이탈리아에서 고대 그리스 문화에 대한 관심이 부활하면서 본격화되었습니다. 고대 건축, 조각, 문학에 대한 열풍과 함께, 고대 그리스인들처럼 음악을 하나의 교양으로 여겨야 한다는 분위기가 퍼졌거든요. 플라톤이 '모든 시민은 음악을 배워야 한다'고 주장했던 것처럼, 르네상스 시대 사람들도 신사와 숙녀라면 악보를 읽고, 노래할 수 있어야 하며, 작곡도 할 줄 알아야 한다고 여겼습니다.

나아가 고대 그리스로부터 전해진 음악에 관한 글 중 상당수는 '인간의 마음이 음악에 영향을 준다'는 주장을 담고 있었습니다. 이전까지의 음악은 주로 신에 대한 찬미, 왕에 대한 충성, 기사도적 우정과 의리를 노래하는 데 집중되어 있었고, 사적인 감정이나 개인적인 이야기를 음악으로 표현하는 일은 거의 없었지요. 그러나 르네상스 시대 작곡가들은 이 개념에 대해 진지한 고민을 이어갔고, 그 결과 이전 시대와는 다른 방향으로 음악을 만들기 시작했습니다. 자신이 직접 쓴 가사에 감정을 담아 곡을 써 내려간 것이지요. 특히 이 시기부터 낭독하듯 노래하고, 비유적 표현과 성격 묘사 등 미래의 오페라로 이어질 수 있는 표현 기법들이 많이 나타나기 시작했는데요. 이탈리아는 이 새로운 시도를 통해 유럽 음악의 중심지로 도약할 수 있었습니다. 다시 말해, 인본주의가 반영된 새로운 음악 어법이 이탈리아 음악의 위상을 끌어올린 셈이었지요.

이와 동시에 귀족들은 언제 어디서든 악보를 보고 노래할 수 있을 만큼 음악 공부에 더 많은 시간을 투자했습니다. 이는 단순한 취미를 넘어 고대 그리스 철학자들이 말한 '교양인의 자격'을 갖추려는 노력이기도 했지요. 자신의 감정과 생각을 음악으로 표현할 수 있다는 것, 그것이 르네상스인들이 추구한 '더 나은 인간상'의 한 모습이었고요.

이러한 변화는 르네상스 음악을 이전 시대보다 훨씬 더 다채롭고 인간적인 세계로 이끌어줬습니다. 개인의 감정, 삶, 생각이 음악이라는 예술을 통해 표현되기 시작한 바로 그 순간, 르네상스는 단지 문화적 부흥이 아니라 인간 내면의 목소리가 깨어나는 시기였던 것입니다.

 제3장. 이탈리아, 그리고 유럽 르네상스 음악

스위스의 미술·문화사학자 야콥 부르크하르트는
『이탈리아 르네상스 이야기』를 집필했습니다

마틴 루터와 종교 개혁

1517년 10월 31일, 독일 비텐베르크 교회의 문에 한 장의 대자보가 붙었습니다. 바로 마틴 루터 사제가 쓴 95개조 반박문이었지요. 이 사건은 당시 전 유럽을 뒤흔드는 결과를 불러일으켰습니다. 마치 불화살처럼 번져나가, 르네상스 시대의 종교 개혁을 촉발하는 핵심 사건이 되었던 것이지요.

그런데 그는 대체 왜 이런 행동을 했던 것일까요? 그 시절 로마 가톨릭교회의 고위 성직자들은 과도한 부패와 거짓 선동으로 신자들을 공포에 몰아넣고 있었습니다. 성직 매매는 물론, 천국 입장권까지 금화로 판매하는 지경에 이르렀죠. 당시 16세기 초 로마 가톨릭 교회는 성 베드로 대성당을 재건할 자금이 필요했고, 이를 위해 헌금을 많이 낼수록 더 큰 은혜를 받는다는 논리를 들이밀었습니다. 성직자들은 신자를 대상으로 '면죄부'를 판매할 계획을 세웠고, 금화 몇 냥으로 죄 사함을 받을 수 있다는 설교를 이어갔습니다. 청빈과 헌신을 서약한 젊은 사제들마저 부정부패의 늪에 빠져, 천국행 티켓을 돈으로 사고 팔 수 있다는 유언비어를 퍼뜨렸던 것입니다. 이것이 그 시절 로마 가톨릭의 실상이었습니다.

이러한 상황 속에서 로마 가톨릭교회가 잘못되었다고 느끼는 사람들도 점점 늘어갔습니다. 부잣집 아들로 태어나

 제3장. 이탈리아, 그리고 유럽 르네상스 음악

고등 교육을 받은 뒤 사제 서품을 받은 마틴 루터도 그중 한 사람이지요. 그는 로마서 1장 17절의 '오직 의인은 믿음으로 말미암아 살리라'는 구절을 곱씹으며, 교회의 부정을 폭로하는 글을 라틴어가 아닌 독일어로 썼습니다. 왜냐하면 이 글을 귀족이 아닌 일반 독일 신자들도 읽을 수 있어야 했기 때문이지요. 마침 구텐베르크의 인쇄술이 보급된 덕분에 루터의 글은 광범위하게 복제되어 널리 퍼졌고, 뜻을 함께 하는 사람들도 빠르게 모여들었습니다.

로마 가톨릭교회는 노발대발하며 루터를 사제 재판에 회부했습니다. 주장을 철회하지 않으면 파문은 물론, 이단으로 처형될 수 있다고 그를 위협하기도 했지요. 루터는 끝내 입장을 굽히지 않았습니다. 결국 그는 파문 당했고, 얼마 뒤에는 자신의 이름을 딴 루터교회를 창립했습니다. 당시 교황과 고위 성직자들의 부패에 염증을 느끼던 독일의 여러 제후들이 그를 후원했지요.

여기서 주목해야 할 한 가지, 루터의 종교 개혁이 불러온 중요한 변화 중 하나는, 교회 안에서 신자들이 모국어로 노래할 수 있게 되었다는 점입니다. 그다음으로 사제의 설교를 통하지 않더라도 독일어 성경을 직접 읽을 수 있게 된 점이었지요. 이전에는 일반 신자들이 전례 음악을 따라 부를 수 없었고, 성경도 직접 읽을 수 없었습니다. 루터는 이러한 현실을 바꾸기 위해 전례 음악 중 라틴어로 된 부분을 모두 독일어로 바꾸고, 활판 인쇄술을 바탕으로 그 내용을 나눠주며 신자들이 자신의 언어로 찬미가를 부를 수 있도록 만들어 주었습니다.

루터의 종교 개혁은 르네상스 음악계에도 큰 영향을 주었습니다. 대표적으로 라틴어 미사곡을 독일어로 바꾼 '독일어 미사'가 등장한 점입니다. 원래 전례 음악은 사제와 신자들이 함께 부르던 형식이었지만, 시간이 흐르며 사제와 남성 혹은 소년합창단만의 전유물이 되었는데요. 이로인해 교회 구성원들 사이에 오랜 균열이 생기기도 했지요.

루터는 이러한 교회의 구조적 문제를 개선하고 싶었고, 모든 회중이 전례에 참여할 수 있도록 '루터 코랄'이라는 전례 음악 양식을 고안했습니다. 이는 그의 핵심 사상인 '신 앞에서 모든 인간은 평등하다'는 철학을 음악으로 표현한 것이기도 했지요. 평소 작곡에도 소질이 있었던 그는 동료 사제들과 함께 매주 연주 가능한 코랄을 직접 만들기도 했습니다.

흥미로운 점은, 루터 코랄이 모두 새롭게 작곡된 멜로디는 아니었다는 점입니다. 그는 중세의 그레고리오 성가Gregorian Chant, 독일 지역에서 부르던 전통 교회 노래, 심지어 세속 노래의 멜로디를 차용하거나 변형해 코랄을 만들었습니다. 그레고리오 성가나 전통 선율을 사용하는 것은 기독교

1517년, 루터는 면죄부 판매에 반대하는 편지를 주교에게 보내
종교 개혁의 불씨를 지폈습니다

의 연속성과 전통을 강조하는 효과가 있었고, 세속 노래처럼 익숙한 선율을 사용하는 것은 신자들이 코랄을 배우는 시간과 노력을 단축할 수 있다는 장점이 있었지요. 그 결과, 루터 교회는 설립 4년이 채 되지 않아 4권의 코랄집을 출판했고, 이후 약 50년 동안 200곡이 넘는 루터 코랄 악보집이 인쇄되었습니다. 이로써 르네상스 시대 교회 음악의 새로운 역사가 쓰이게 된 것입니다.

루터의 개혁 정신은 이후 프랑스의 칼뱅 종교개혁, 영국의 헨리 8세에 의한 영국 국교회 설립으로 이어졌습니다. 로마 가톨릭은 독일, 프랑스, 영국 등에서 입지를 잃었고, 이를 되돌릴 방법을 고민했지만 별 도리가 없었습니다. 결국 이 모든 흐름은 하나의 결론으로 이어집니다. 루터 코랄이 탄생한 배경을 이해하면, 음악이 왜 인간의 역사와 운명을 함께할 수밖에 없는지 실감할 수 있다는 점입니다. 신 앞에서 모두가 평등하다는 믿음, 그리고 그 믿음을 자신의 언어와 목소리로 직접 표현할 수 있게 된 순간, 음악은 단순한 예술을 넘어 신앙과 시대정신을 담는 도구가 되었습니다.

인내의 결정,
바로크 음악

mp

새로운 음악 어법들이 탄생한 시절을 우리는 '서양 음악사의 바로크 시기'라고 부릅니다. 보통 1600년부터 1750년까지 르네상스와 고전주의를 잇는 약 150년의 세월을 뜻하는데요. 짧다면 짧고 길다면 긴 이 기간 동안, 이탈리아를 포함한 여러 유럽 도시에서는 바로크를 통해 다양한 음악적 어법들이 창조되었습니다. 이를테면 이 시기 이전에 발전한 양식뿐만 아니라, 과거에는 찾아볼 수 없었던 새로운 방식들이 많이 등장했습니다. 예를 들어 지속되는 저음, 노래인지 말인지 구분이 애매한 레치타티보Recitativo, 의도적으로 등장하는 불협화음, 기악 독주와 성악 독창 작품 같은 것들이 대표적이지요. 이전에는 굳이 필요를 느끼지 못했던 새로운 음악적

                    제4장. 인내의 결정, 바로크 음악

시도들이 본격적으로 이루어지기 시작한 것입니다.

흥미로운 점은 비교적 최근까지 음악학자들이 음악사에서 바로크 시기를 별도로 구분하지 않았다는 사실입니다. 예전에는 단순히 르네상스와 고전주의로만 나누었지요. 그러나 바로크 시대의 수많은 사건과 변화는 결코 가볍게 넘길 수 없는 중요한 의미를 지닙니다. 무엇 하나 쓸데없는 음악적 양식이 없었고, 오늘날까지 사랑받는 오페라Opera가 탄생한 것만 보더라도 이 시대를 기억할 가치가 충분하지요. 이처럼 바로크 시대를 통해 이탈리아, 네덜란드, 독일, 영국, 프랑스 등 여러 나라에서 각각 고유한 음악 어법이 다양하게 발전했고, 바로크 음악의 황금기가 시작되었습니다.

바로크라는 단어는 포르투갈어로 '찌그러진 진주'를 뜻합니다. 유럽에서 발전한 미술, 건축, 음악, 문학 등 다양한 예술 양식을 통칭하지요. 하지만 바로크 시대의 문화예술은 '찌그러진'이라는 표현과는 어울리지 않을 정도로 화려하고 정교하며, 뛰어난 성취를 이룬 분야였습니다. 굳이 찌그러진 진주에 비유하자면, 불협화음 사용처럼 당시 기준으로는 다소 불편하거나 낯설었던 음악적 실험들이 바로 그런 인상을 주었을 수도 있겠지요. 사실 진주는 사람 눈에 아름다운 것이지, 조개에게는 상처로 만들어진 결과물입니다. 조갯살에 박힌 작은 돌을 품고 만든 것이 진주니까요. 마치 바로크 시대가 품고 만들어낸 예술적 결론들이, 후대 서양 음악사를 더욱 빛나게 했던 것처럼 말입니다.

바로크 시대에도 신, 왕, 귀족 가문은 여전히 강력한 존재였습니다. 하지만 이 시기의 음악은 점차 궁전과 수도원의 담을 넘기 시작했습니다. 예를 들어, 베네치아에서는 최초의 공공 오페라 극장 '산 카시아노 극장Teatro San Cassiano'이 문을 열었고, 음악은 소수의 특권층을 넘어, 일반 대중과 만날 준비를 시작했습니다.

예술의 계층 확대는 문학과 음악의 상호 작용을 이끌기도 했습니다. 일례가 바로 괴테 시대Goethezeit입니다. 이는 독일 문학계에서 바로크 시대의 일부를 부르는 명칭인데요. 괴테가 발표한 여러 작품이 바로크 시대를 살아간 사람들의 마음을 깊이 울렸기 때문이었지요. 이러한 일이 가능했던 근본적인 이유는 이 시기부터 책이라는 물건이 보다 많은 사람들의 손에 쥐어졌기 때문이었습니다. 특히, 라틴어가 아닌 모국어로 쓰인 책이 점차 늘어나면서 독자층이 빠르게 확대될 수 있었죠. 그 덕에 문학의 아이디어가 음악의 선율을 자극하고, 음악이 다시 문학에 영감을 주는 흐름이 자연스럽게 이어질 수 있었던 것입니다.

이처럼 사회 전반에 걸쳐 예술을 향유하는 층이 넓어지면서, 창작자들도 새로운 청중을 염두에 두고 작품을 만들기 시작했습니다. 귀족과 교회만을 위한 음악이 아니라, 다양한 감정과 이야기를 담아 보다 많은 사람들의 삶에 스며드는 음악이 탄생한 것이지요. 바로크 시대의 음악은 이렇게 시대정신을 품고 진화해 나갔고, 각각의 작곡가들은 자신만의 언어로 인간의 감정과 세상의 풍경을 담아내려 노력했습니다.

자, 그럼 이제 바로크 시대를 빛낸 음악과 음악가들에 관한 이야기를 만나러 가볼까요?

바로크 4인방:
파헬벨, 비발디, 바흐, 헨델

르네상스 시대를 대표하는 음악가가 뒤페, 오케겜, 팔레스트리나였다면, 바로크 시대를 대표하는 것은 이 인물들입니다. 바로 안토니오 비발디와 요한 제바스티안 바흐, 요한 파헬벨, 게오르크 프리드리히 헨델이 그 주인공이지요. 이번 장에서는 이들의 삶과 업적을 함께 살펴봄으로써 바로크 음악의 주요 흐름을 이해하는 시간을 가져보도록 하겠습니다.

캐논은? 파헬벨!

요한 파헬벨은 독일 뉘른베르크에서 태어난 작곡가이자 오르가니스트입니다. 그는 바로크 시대를 대표하는 작곡가이자 '캐논'이라는 음악 양식을 가장 널리 알린 인물로 기억되지요.

어린 시절, 그는 집 근처 성 세발두스 교회에서 울려 퍼지는 종소리를 듣는 것을 좋아하는 아이였습니다. 성장하며 자연스럽게 교회 합창단에서 음악 교육을 받았고, 이후 대학에 진학했지만 가정 형편상의 이유로 중퇴했습니다. 대신 오늘날의 전문학교에 해당하는 김나지움Gymnasium에서 학업을 이어갔지요. 이후 그는 유럽 예술의 중심지 빈Vienna으로 떠났습니다. 당시 빈은 예술가들이 서로 작품을 공유하고 일자리를 찾는 활기찬 도시였거든요. 파헬벨은 운 좋게도 빈을 대표하는 성 슈테판 대성당의 부 오르가니스트로 취직하게 되었고, 이곳에서 약 4년 동안 많은 경험을 쌓았습니다. 특히 이곳을 거치며 가톨릭 미사곡의 영향을 많이 받게 되었지요.

오르가니스트로 활동하는 동안에도 작곡은 게을리하지 않았습니다. 그는 수많은 종교 음악과 세속 음악, 그리고 합창 전주곡과 푸가Fugue 등 다양한 장르의 작품을 만들었습니다. 이 음악들은 그가 살아있을 때 큰 인기를 누리게 해주었고, 자연스레 그에게 음악을 배우러 오는 학생들도 늘어갔습니다. 파헬벨은 많은 제자를 길러냈고, 그들은 독일 남부와 중부 지역으로 흩어져 다시 어린 학생들을 가르치며 그의 음악적 영향력을 넓혀갔습니다.

그런데 그의 인생도 어느 순간 다른 방향으로 흘러가기 시작합니다. 1677년에 그는 빈을 떠나 독일 아이제나흐로 가서 작센-아이제나흐 공작 요한 게오르크 1세의 궁정 음악가로 일하게 됩니다. 당시 음악가에게 가장 인기 있는 직장은 왕실이나 귀족 가문이었습니다. 규칙적인 급여를 받으며 안정적으로 음악 활동을 할 수 있었기 때문이지요. 그러나 오래 가지 못했습니다. 11년 후 고용주인 공작이 세상을 떠났기 때문이지요.

슬픔에 빠질 틈도 없이 그는 요한 암브로시우스 바흐와 인연을 맺었습니다. 암브로시우스는 파헬벨에게 자신의 아들 요한 크리스토프 바흐에게 음악을 가르쳐 달라고 부탁했습니다. 그리고 요한 크리스토프는 막냇동생 요한 제바스티안 바흐에게 음악을 전수했지요. 정리하자면, 오늘날 위대한 작곡가로 기억되는 요한 제바스티안 바흐의 '스승의 스승'이 바로 파헬벨이라는 이야기입니다.

이후 파헬벨은 독일 에르푸르트에 있는 루터교회인 프리디거 교회에서 오르가니스트로 일했고, 다시 고향 뉘른베르크로 돌아와 성 세발두스 교회에서 활동했습니다. 한때 영국 옥스퍼드 대학교에서 음악 감독직도 제안 받았지만, 영국에 거주해야 한다는 조건 때문에 거절했습니다. 인생의 마지막 직장은 어린 시절 뛰놀던 성 세발두스 대성당이었고, 그는 다섯 아들과 두 딸을 둔 성실한 가장으로 살았습니다. 그리고 1706년 3월 9일, 뉘른베르크의 성 로쿠스 묘지에 묻혔지요.

작곡가로서 파헬벨은 교회 안팎에서 연주될 수 있는 다양한 음악 작품을 남겼습니다. 200곡 이상의 기악 작품, 100여 곡의 성악 작품, 40곡의 대규모 합창 작품 등 종류는 물론 종수 또한 방대했지요.

그가 남긴 수백 편의 작품 중에서도 특별한 사연을 가진 곡이 있습니다. 바로 1680년경 작곡된 〈D장조 캐논과 지그Canon and Gigue in D Major〉입니다. 이 곡은 파헬벨 생전에는 큰 주목을 받지 못했는데요. 약 200년 후인 1912년, 음악학자 구스타프 베크만에 의해 재조명되었습니다. 이후 이 곡은 영화, 라디오, 음반, 광고 등 다양한 매체를 통해 세계적으로 사랑받게 되었지요.

캐논은 두 대의 바이올린이 주제 선율을 차례로 따라가며 연주하는 형식입니다. 이 과정에서 조금씩 변형이 이루어지며 음악이 풍성하게 전개되지요. 하나의 주제 선율을 바탕

     제4장. 인내의 결정, 바로크 음악

으로 변형과 발전을 거듭하는 방식을 우리는 오늘날 '캐논 기법'이라고 부릅니다. 그리고 파헬벨의 이 〈D장조 캐논〉은 결혼식 연주 레퍼토리로도 매우 인기 있는 곡입니다. 시간을 넘어 사랑받는 바로크 음악의 보석 같은 작품이라 할 수 있습니다.

바이올린 잘 켜는 신부님, 비발디

바로크 시대의 베네치아는 유럽 여러 도시와 비교할 수 없을 만큼 눈부신 번영을 이루었습니다. 사회, 복지, 정치, 산업, 예술 등 다양한 분야에서 두드러졌지요. 그리고 이 시기, 베네치아를 대표하는 음악가가 있습니다. 바로 안토니오 비발디이지요.

그는 바이올리니스트, 작곡가, 음악 교사이자 가톨릭 사제로 후대에 길이 남을 다양한 음악적 어법을 개발했습니다. 특히 오케스트레이션Orchestration과 바이올린 연주 기법, 프로그램 음악 등에서 다양한 시도를 했는데요. 기악 협주곡에서 오케스트라와 독주 악기의 이상적인 구조를 만들었을 뿐 아니라, 바이올린과 다른 악기를 위한 협주곡, 합창곡, 오페라 등을 작곡했습니다. 오늘날까지 많은 사람들에게 익숙한

〈사계Le quattro stagioni〉도 바로 그의 작품이지요.

비발디는 15세에 신학교에 입학했고, 25세에 가톨릭 사제 서품을 받았습니다. 아버지의 바람대로 신부가 되었지만, 건강 문제로 인해 미사를 집전할 수 없었는데요. 대신 그는 버려진 아이들을 돌보는 고아원이자 학교, 병원, 교회의 역할을 하던 오스 페달레 델라 피에타Ospedale della Pietà에서 음악 교사 겸 신부로 일하게 되었습니다. 이와 동시에 그는 미사곡 등 교회를 위한 음악과 다양한 작품을 꾸준히 작곡했지요.

생전에 비발디는 작곡가로도 명성이 자자했습니다. 그의 작품을 보고 듣기 위해 유럽 곳곳에서 많은 이들이 베네치아를 방문했습니다. 또한 악보를 구매하거나 필사하여 고국으로 가져갈 정도였습니다. 재미있는 점은 그들이 필사해 갔던 비발디의 작품 악보, 비발디의 원본 악보가 오늘날까지 종종 발견되고 있다는 점입니다. 가장 주목할 만한 발견은 1926년 이탈리아의 토리노 국립도서관이 발표한 총 27권의 악보집인데요. 오늘날 전해지는 비발디 원본 악보의 약 92%에 해당하는 총 450곡이 공개되며 큰 화제를 모았습니다. 게다가 지금까지 알려지지 않았던 작품도 포함되어 있어 그 가치를 더했지요.

그렇다면 그의 악보들은 어떻게 그곳까지 갔던 걸까요? 비발디가 빈에서 갑자기 세상을 떠난 뒤, 그의 악보들은 동

                     제4장. 인내의 결정, 바로크 음악

생에게 상속되었습니다. 이후 베네치아의 귀족 자코포 소란 초가 이를 구매했고, 다시 자코모 두라초 백작의 소유가 되었습니다. 두라초 백작이 세상을 떠나고 이 악보들은 이탈리아 제노바에 있는 두라초 가문에 상속되었고, 이후 수도원에 기증되었습니다. 수도원은 건물 수리비를 마련하기 위해 악보를 판매하기로 했고, 토리노 국립도서관이 주선한 익명의 후원자가 이를 구매해 도서관에 기증하면서 세상에 공개된 것입니다.

이외에도 비발디의 작품들은 독일, 스페인 등지에서도 발견되었습니다. 이는 비발디의 음악작품이 당시 유럽 대륙에 미친 영향을 가늠해 볼 수 있는 증거이기도 하지요. 비발디의 악보가 옮겨진 여정을 상상해 보니 다시금 음악, 클래식 음악이 갖는 매력이 더 커진 기분마저 듭니다. 바로크 시대를 수놓은 비발디의 음악들이 베네치아의 물결처럼 앞으로도 일렁이길 바라봅니다.

시냇물 말고 바다, 바흐!

바흐! 바흐! 드디어 요한 제바스티안 바흐의 시간입니다. 혹시 언젠가 누군가가 서양 음악사에서 단 두 명만 알아야 한다고 묻는다면, 저는 첫째는 바흐, 둘째는 모차르트를 고를 것입니다. 두 사람이 남긴 음악 작품들이 클래식이라는 장르의 디딤돌 역할을 했기 때문이지요. 물론 이들과 동시대를 살았던, 지금은 잊힌 많은 음악가도 클래식 음악 발전에 기여했습니다. 그러나 이들이 이룩한 음악 어법은, 어떤 새로운 아이디어나 구조와도 비교할 수 없을 만큼 견고합니다.

바흐는 작곡가로서 몇 단계를 뛰어넘는 계산을 했습니다. 마치 햇빛이 비치는 시간과 방향까지 고려해 집의 창을 설계하는 섬세한 건축가처럼요. 모차르트처럼 타고난 영감으로 쏟아낸 음악이 아니라, 바흐는 생각과 노력, 공을 들여 완성해냈습니다. 그래서 그는 위대한 걸작을 향해 천천히, 그러나 실패 없이 나아간 작곡가였습니다.

성실하게 평생을 음악가로 살았던 바흐는 총 다섯 번의 직장 생활을 했습니다. 처음에는 독일 바이마르 궁정의 악단에서 바이올린 연주자로 활동했고요. 뒤이어 독일 아른슈타트의 교회에서 오르가니스트로 일했지요. 이후 다시 바이마르 궁정 예배당의 오르가니스트가 되었고, 독일의 쾨텐 궁정에서 악장으로 활동하기도 했습니다. 마지막으로 독일의 라이프치히 성 토마스 교회의 칸토르, 즉 음악 감독이 되어 무려 27년간 재직했습니다.

당시 성 토마스 교회는 청소년 학교와 3개의 합창단을

운영했는데요. 바흐는 이곳에서 교회 총 음악 감독, 음악 교사, 합창단장의 역할을 모두 맡았습니다. 그는 매일 4시간씩 라틴어와 음악 수업을 했고, 매주 새로운 교회 음악을 작곡하고 시연까지 했습니다. 그뿐만이 아닙니다. 몇몇 학생들에게 직접 악기 레슨을 했고, 결혼식이나 기타 공식 행사에서 음악 감독을 맡기도 했지요. 이토록 바쁜 일정 속에서도 바흐는 작곡을 멈추지 않았습니다. 그의 성실함은 단순한 근면을 넘어, 종교적 신념에 기반한 삶의 자세였습니다.

바흐는 평생 약 1,000여 곡의 작품을 남겼습니다. 18세부터 세상을 떠난 65세까지 약 47년 동안, 1년에 평균 21곡 이상을 쓴 셈이지요. 그는 자신의 작품을 통해 조성의 확립, 대위법의 완성, 독주곡과 합주곡의 발전, 교회 음악의 확장 등 다양한 성취를 이룩했습니다. 또한 그가 이룩한 성취는 독일 바로크 음악의 특징이기도 하지요.

사실 그는 살아있을 때 오늘날만큼의 평가를 받지는 못했습니다. 그저 독일에서 명망 있는 음악가 혹은 음악가를 많이 배출한 가문의 후손 정도로 비춰졌지요. 그대로 묻힐 뻔했던 그의 음악이 널리 알려진 건 그가 세상을 떠나고 한참 뒤의 일이었습니다. 1802년 독일의 음악학자 요한 포르켈이 쓴 책 『바흐의 생애와 예술 그리고 작품』을 통해 그의 이름이 다시 재조명되기 시작했고, 이후 그의 악보를 수집하던

펠릭스 멘델스존이 1829년 독일에서 〈마태수난곡〉 연주회을
열며 바흐의 부활을 알렸지요.

이 과정을 지켜본 후배 음악가 베토벤은 바흐를 시냇물
이 아니라 바다라고 불러야한다는 말을 남겼습니다. 바흐라
는 단어가 독일어로 '시냇물'을 뜻한다는 사실에서 착안해
그에게 남길 수 있는 최대의 찬사를 보낸 것이지요. 더불어
바흐의 마지막 직장, 성 토마스 교회는 내부에 그의 묘지를
마련하기도 했습니다. 아마도 바로크 시대 독일 음악의 발전
을 위해 평생을 성실하게 살았던 그의 삶과 음악 세계를 후
대에 길이길이 알리고 싶은 마음에서였겠지요.

바흐는 평생 독일 밖으로 나간 적이 없었습니다. 당시
고용된 음악가들은 직장의 허락 없이 국경을 넘을 수 없다
는 엄격한 규정을 지켜야 했기 때문이지요. 하지만 그의 음
악은 결국 국경을 넘어, 더 나아가 우주로까지 여행을 떠났
습니다. 1977년 인류가 발사한 탐사선 보이저 1호에 바흐의
음악이 포함된 골든 레코드가 함께 실린 것이지요. 발사된
지 50여 년이 된 이 우주선은 작동이 멈추더라도 비행 속도
를 유지하면서 우주를 항해할 예정이라고 합니다. 어느 날,
만약 이 골든 레코드를 발견한 우주인이 바흐의 음악을 다시
연주한다면, 클래식 음악의 미래에는 과연 어떤 놀랍고 흥미
로운 일이 벌어지게 될까요?

　　　　　　　　　　　제4장. 인내의 결정, 바로크 음악

음악으로 귀화한 작곡가, 헨델

바로크 시대의 영국 음악은 이탈리아, 프랑스, 독일에 비해 발전 속도가 더뎠습니다. 굳이 비교하자면, 바로크 시기에 가장 발전이 느렸던 곳이 영국이었다고 해도 과언이 아니지요. 이탈리아 오페라가 유럽 대륙 전역을 사로잡던 동안, 17세기 영국에서는 이탈리아 오페라가 무대에 오른 적조차 거의 없었습니다. 이는 당시 유럽 대륙으로 자유롭게 왕래하기 어려웠던 영국의 정치적 상황도 영향을 주었지요.

한편, 영국에는 프랑스나 이탈리아 출신의 예술가들이 건너와 귀족을 위한 연주회에 출연하거나, 음악 교육, 악보·악기 중개 등의 일을 하기도 했습니다. 왕실에서도 유럽 대륙의 유명 음악가를 직접 초대하는 경우가 늘어났지요. 이런 분위기 속에서 영국 최초의 이탈리아어 오페라가 초연됩니다. 1711년 2월 24일 런던 퀸즈 극장에서 막을 올린 작품의 이름은 바로 〈리날도Rinaldo〉였습니다. 독일 태생의 작곡가 게오르크 프리드리히 헨델의 작품이었지요.

〈리날도〉는 제1차 십자군 전쟁을 배경으로 사랑과 구원의 이야기를 다룬 오페라로, 웅장한 무대 장치와 함께 런던 청중을 열광시켰습니다. 특히 아리아 〈울게 하소서Lascia ch'io pianga〉는 지금까지도 세계적으로 사랑받을 정도로 아름다웠지요. 이 작품 하나로 헨델은 런던에서 일약 스타가 되었고, 사람들은 독일과 이탈리아에서 이미 명성을 얻었던 그를 크게 환영했습니다.

헨델은 원래 독일 하노버 선제후의 궁정 악장이었습니다. 런던 체류 허가를 받고 임시로 온 것이었지만, 사람들의 열광적 반응을 보고 조금 더 머물기로 결정합니다. 귀족 가문과 여왕을 위한 음악을 작곡하며 머물던 그는, 1712년부터 런던에 정착하게 됩니다. 이때 이탈리아어 오페라 4편과 앤 여왕을 위한 왕실 예배 음악을 작곡하기도 했지요.

1713년 7월, 런던 세인트폴 대성당에서 헨델이 작곡한 〈위트레흐트 테 데움Utrecht Te Deum〉과 〈주빌라테Jubilate〉가 초연됩니다. 작품이 크게 마음에 들었던 앤 여왕은 헨델에게 '왕실 예배당 작곡가'라는 직위와 함께 종신 연금 200파운드를 수여했습니다. 이후 헨델은 영국 국교회로 개종하고, 1727년 영국 시민권을 취득했는데요. 귀화 후 그는 '왕실 공주들의 음악 마스터' 직책까지 맡게 되었고, 연금도 600파운드로 인상되었지요.

헨델은 런던에 정착 후 영국 음악계에 혁명적인 변화를 이끌었습니다. 그는 32년간 42개의 오페라, 25개의 오라토리오, 그리고 왕실을 위한 교회 음악, 관현악곡, 실내악, 피아노곡 등 수많은 작품을 남겼습니다. 그는 당시 발전이 더뎠던

    제4장. 인내의 결정, 바로크 음악

영국 바로크 음악계를 새롭게 썼다는 평가를 받았는데요. 현대 음악학자들은 헨델이 세상을 떠난 1759년을 바로크 시대의 종점으로 간주할 만큼, 그의 업적을 높이 평가합니다.

1714년, 하노버 선제후였던 조지 1세가 영국 국왕으로 즉위하면서 재미있는 일이 벌어졌습니다. 과거 자신이 섬겼던 독일의 왕자가 영국의 왕이 되어버린 거지요. 헨델의 입장에서 보면, 전 직장 상사가 새 직장의 왕이 된 셈입니다. 어색했을 법도 하지만, 조지 1세는 헨델을 다시 인정했습니다. 특히 그가 왕을 위해 작곡한 〈수상 음악Water Music〉이 큰 성공을 거두면서, 두 사람의 관계는 돈독해졌습니다. 이후 헨델은 1727년에 조지 2세의 대관식을 위하여 네 편의 대관식 음악을 작곡했고, 그중 〈사제 자독Zadok the Priest〉은 지금까지 모든 영국 왕의 대관식에서 하이라이트 순간에 연주되고 있습니다. 지난 2023년에 이루어진 찰스 3세의 대관식에서도 역시 이 곡이 연주되었지요.

한편, 헨델의 귀화 과정은 오늘날에도 중요한 기록으로 남아 있습니다. 영국의회 기록 보관소에는 '헨델의 귀화법(1727)'이 보존되어 있는데요, 이를 통해 헨델이 영국 시민권을 얻기까지 약 4년간 영국 정부와 어떤 협상을 했는지 알 수 있습니다. 헨델은 영국 교회법상 외국인이 왕실 직계 후손을 가르칠 수 없는 문제를 해결하기 위해 귀화를 결심했

비발디는 바이올리니스트이자 작곡가, 교사, 사제로
음악 어법 발전에 큰 영향을 남겼습니다

고, 귀화 후에는 영국 태생과 동등한 권리 보장을 받았습니다. 또한 그는 국교회를 존중하면서도, 자신의 모국 신앙인 루터교의 요소 일부를 유지할 수 있는 조항을 확보했습니다.

물론 헨델을 비난하는 목소리도 많았습니다. 특히 음악적 라이벌들은 그가 '신과 조국을 버렸다'는 악의적인 소문

                    제4장. 인내의 결정, 바로크 음악

1746년, 하우스만이 그린 바흐 초상화.
그는 손에 〈BWV 1076〉 악보를 들고 있습니다

을 퍼뜨렸지요. 하지만 헨델은 이런 시선을 아랑곳하지 않고 묵묵히 자신의 길을 걸었습니다. 1719년 헨델은 런던 귀족들이 세운 왕립 음악 아카데미의 음악 감독이 되어 국내외의 뛰어난 가수를 섭외하고, 수백 회의 공연을 무대에 올렸습니다. 그중 235회는 헨델의 작품이었을 만큼 그의 영향력은 대

조지 헨델은 독일의 명성을 바탕으로
영국에서 영어 오페라 등 활발히 활동했습니다

단했지요. 그러나 내부에서 발생한 여러 잡음으로 인해 결국
아카데미는 폐업하고 맙니다. 그 과정에서 헨델을 시기하는
자들이 교묘하게 방해했다는 이야기도 전해지지요.

헨델은 이탈리아 오페라를 최고 수준으로 끌어올리고,
영국 오라토리오와 오르간 협주곡 장르를 정립했으며, 영국

　　　　제4장. 인내의 결정, 바로크 음악

교회 음악에도 새로운 스타일을 도입했습니다. 말년에는 시력마저 잃었지만, 오르간 앞에 앉아 연주하는 헨델의 모습에 많은 이들이 눈물을 흘렸다고 하지요. 결혼하지 않았던 헨델은 유언장을 통해 조카와 친구, 자신을 돌본 하인들, 그리고 은퇴한 음악가들에게 재산을 남겼습니다. 그리고 생애 마지막 소원으로 웨스트민스터 사원에 묻히기를 바랐고, 그 소원을 이루었습니다. 그의 장례식에는 무려 3만 명 이상의 조문객이 몰려, 웨스트민스터 사원을 가득 메웠다고 전해지지요.

태양왕, 음악으로 세상을 다스리다

루이 14세는 프랑스 왕 중에서 가장 오랫동안 재위한 군주입니다. 보통 '태양왕'이라 불리는 그는 1643년에 즉위해 1715년까지 약 72년간 왕좌를 지켰습니다. 특히 그의 통치 시기는 프랑스의 바로크 시대와 겹치는데요, 문화, 예술, 사회, 정치 등 다양한 분야에서 눈부신 발전과 확장이 이루어졌던 시기입니다.

바로크 초·중기 유럽 음악의 중심지는 분명 이탈리아였습니다. 하지만 중반 이후부터는 프랑스도 이탈리아의 뒤를 이어 눈부신 음악적 발전을 이뤘지요. 이전까지 이탈리아의 음악을 프랑스에서 수입해 듣는 상황이었다면, 이 시기부터는 프랑스 고유의 음악 어법으로 작곡된 작품들이 더욱 활발히 발표되는 상황으로 변화하게 됩니다. 여기에는 루이 14세의 역할이 결정적이었습니다. 자신의 궁정을 유럽 문화의 중심지로 삼기 위해, 다양한 음악 제도를 직접 지원하고 육성했기 때문이지요.

루이 14세가 어린 나이에 왕위를 이어받았을 때, 이미 왕실에는 궁정 오케스트라, 실내악단, 합창단 등 약 200명의 음악가들이 고용되어 있었습니다. 이들은 왕실의 공식 전례, 휴식 시간의 배경 음악, 특별한 의식이나 축제 등 다양한 자리에서 연주를 맡았지요. 루이 14세는 아침 의회를 마치면 왕실 예배당에서 세 편의 모테트를 듣는 것으로 하루를 시작했습니다. 그에게 음악은 단순한 여흥이나 취미가 아니라, 왕권의 위엄을 표현하고, 국가의 품격을 높이는 중요한 문화적 수단이었던 것이지요.

태양왕이 사랑한 음악가

어린 시절부터 음악을 사랑했던 루이 14세는 왕실에 여러 음악가를 직접 고용했습니다. 그는 그들에게 음악을 배우고,

     제4장. 인내의 결정, 바로크 음악

자신을 위해 작곡된 작품들을 공부하며 음악적 감수성을 키워갔습니다. 자녀들에게도 철저한 음악 교육을 시켰지요.

그런 그가 가장 애정했던 악기는 기타였습니다. 당시 왕실 음악가였던 로베르 드 비세는 왕을 위해 기타용 작품을 꾸준히 작곡했습니다. 드 비세는 훗날 어린 국왕 루이 15세의 기타 교사이자 '국왕의 기타 마스터'로 임명되었고, 베르사유 궁정에서 가장 유명한 음악가 중 한 사람으로 존경받게 됩니다. 그는 프랑스식 바로크 음악 어법의 창조와 발전에 기여한 인물이기도 합니다.

루이 14세는 딸들의 음악 교사로도 뛰어난 인물을 선택했습니다. 프랑스의 유명 오르가니스트이자 작곡가인 미셸 리샤르 드 랄랑드를 왕실에 초빙해 교육을 맡긴 거지요. 그리고 베르사유로 궁전을 옮긴 뒤에는 랄랑드를 프랑스 왕실 예배당의 책임 음악 감독으로 임명했습니다. 랄랑드는 왕의 식사 시간에 연주될 교향곡까지 작곡하며 왕실 음악에 깊이 관여했지요.

하지만 루이 14세가 특별히 아낀 음악가는 따로 있었습니다. 바로 이탈리아 출신의 장바티스트 륄리이지요. 루이 14세는 우연히 륄리의 음악을 듣고 깊은 감명을 받아 그를 왕의 실내악 음악 감독으로 임명했습니다. 1673년에 륄리는 최초의 프랑스어 오페라 〈카드무스와 헤르미온느Cadmus et hermione)를 작곡했습니다. 이탈리아 출신 음악가가 프랑스 최초의 오페라를 만든 거지요. 이 작품은 루이 14세를 비롯해 많은 사람의 사랑을 받았고, 이를 계기로 륄리는 시민권을 얻어 프랑스인으로 살게 됩니다. 그가 작곡한 오페라들은 이탈리아풍의 화려함과 프랑스식 세련미를 조화롭게 담아냈습니다. 륄리는 매년 새로운 오페라를 발표했고, 그 작품들은 프랑스 오페라 발전의 초석이 되었습니다.

루이 14세는 륄리의 활동을 적극 후원했습니다. 오페라 공연을 위해 오케스트라, 합창단, 독주자, 전문 무용수, 무대 전문가, 의상 디자이너 등 필요한 모든 인력을 지원했습니다. 이런 후원 속에서 륄리는 프랑스어 오페라만의 독자적 스타일을 완성해 나갔습니다. 그 결과, 프랑스 오페라는 륄리의 손에서 서정 비극Tragédie Lyrique이라는 독자적인 장르로 이어졌고, 19세기에는 그랜드 오페라로 발전하며 오늘날까지 명맥을 이어오고 있습니다. 이탈리아 출신의 작곡가가 프랑스에서 남긴 음악적 유산은, 서로 다른 문화권의 조화가 얼마나 풍요로운 결과를 낳을 수 있는지를 보여주는 대표적인 예입니다. 클래식 음악이 '세계의 언어'라 불리는 이유도 바로 이런 배경 덕분입니다. 유럽의 여러 나라는 오랜 세월 동안 때로는 경쟁하고 때로는 협력하며 클래식 음악이라는 거대한 흐름을 함께 만들어온 것이지요.

새로운 궁전에서도 여전했던 음악 사랑

루이 14세의 숙원 사업 중 하나였던 베르사유 궁전 생활에서
도 음악회는 끊이지 않았습니다. 기록에 따르면, 베르사유에
서는 바로크와 고전주의를 잇는 약 1세기 동안 왕과 여왕의
살롱에서 보통 일주일에 세 번씩 작은 음악회가 열렸습니다.
루이 14세는 대형 콘서트, 무도회, 만찬 등을 열며 음악 감상
을 무척이나 즐긴 것은 물론, 왕에게 헌정된 악보와 악기들
을 보관할 전용 공간을 새롭게 꾸미기도 했습니다.

한편 루이 14세는 아버지 루이 13세가 궁정 음악 발전을
위해 세워놓은 제도들을 그대로 유지했습니다. 여기에 그치
지 않고, 루이 14세만의 새로운 음악 지원 정책도 더했는데
요. 특히 음악가 후원하기, 작곡가에게 작품 위촉하기, 인재
발굴하기, 주로 이탈리아 출신의 해외 음악가 초청하기 등을
적극 추진했지요. 당시까지만 해도 왕실의 재정이 우려할 만
큼 나쁘지 않았기에 가능한 일이었습니다. 하지만 불과 다음
왕대에 이르러서는 왕실에 고용된 음악가들을 해고하는 등
음악 시종의 규모를 줄여야했습니다.

루이 14세는 문화 예술 전반을 아우르는 체계적인 지
원 정책도 펼쳤습니다. 6장에서 자세히 다루겠지만, 그는
1633년 로마 대상Prix de Rome을 제정해 젊은 프랑스 예술가들

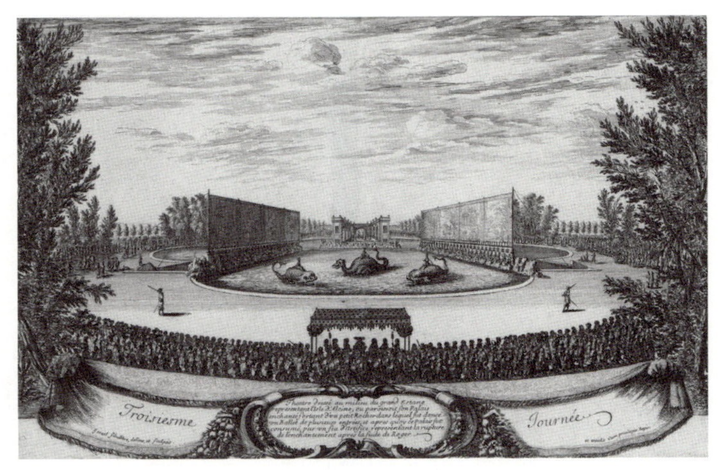

1664년 베르사유에서 공연된 오페라 〈알치네〉 무대. 루이 14세의
프랑스 오페라를 이끌었던 장 바티스트 륄리가 음악을 맡았던 작품입니다

을 위한 콩쿠르를 지원하기 시작했습니다. 1648년에는 프랑스 왕립 회화 조각 아카데미Académie royale de peinture et de sculpture를 설립했습니다. 이곳에서 교육받은 예술가들은 베르사유 궁전 장식을 비롯해, 프랑스 전역의 예술적 흐름을 이끌어 나갔습니다. 또한 1666년에는 과학한림원Académie des Sciences를 세워 프랑스를 학문의 중심지로 만들고자 했으며, 1672년에는 프랑스어를 표준화하고 다듬는 역할을 하는 아카데미 프랑세즈Académie Française의 공식 후원자가 되어 문학과 언어 분야까지 지원을 확대했습니다. 음악, 미술, 문학, 과학이 루이 14세의 절대 왕정 아래 하나로 결합 된 시대였던 것입니다.

　　　　　　　　　제4장. 인내의 결정, 바로크 음악

루이 14세가 가장 사랑한 음악가, 이탈리아 출신 장 바티스트 륄리입니다

이처럼 강력한 제도적 후원을 통해 프랑스 바로크 시절은 점점 더 풍요로워졌습니다.

여기에는 '프랑스적인 예술'을 만들고자 했던 루이 14세 왕정의 정책이 결정적인 역할을 했습니다. 태양왕 시대, 프랑스 문화가 황금기로 접어들었다는 사실, 그리고 그 주역이 루이 14세였다는 사실은 누구도 부인할 수 없습니다. 동시에 루이 14세는 당대 최고의 문화 강국이었던 이탈리아에 대

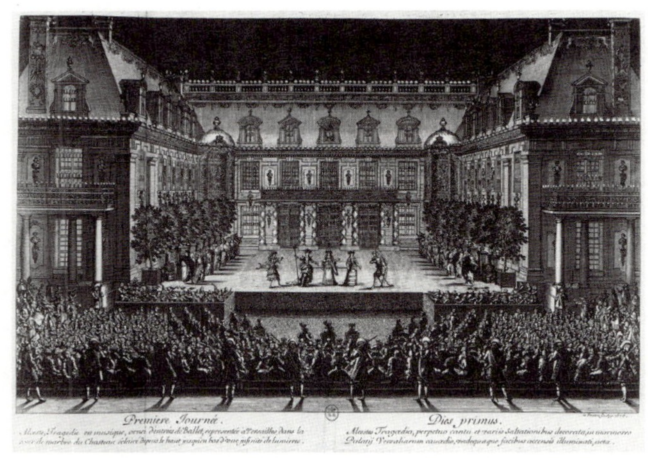

1674년, 베르사유 정원에서 륄리 작곡, 퀴노 대본의 오페라 〈알체스테〉가 공연됐습니다

한 의존도를 줄이려는 노력도 이어갔습니다. 프랑스식 오페라, 프랑스식 무용, 프랑스식 건축 등 고유한 예술 양식이 본격적으로 자리 잡기 시작한 것도 이 시기의 변화입니다. 이를 본 당대의 사상가 볼테르는 '요즘은 루이 13세 시대의 음악을 아는 사람이 천 명이나 된다. 어떤 대도시에서도 대중 콘서트가 열리지 않았는데 말이다. 물론 파리도 마찬가지다'라는 기록을 남겼습니다. 이 말은 프랑스의 문화예술이 왕실 궁정을 넘어 거리와 대중 속으로 확산되기 시작했음을 보여주는 증거이기도 하지요.

글은 몰라도, 오페라는 알지!

바로크 시대의 큰 특징 중 하나는 바로 오페라의 발명입니다. 물론 이전 시대에 오페라와 비슷한 역할을 하는 작품이 전혀 없었던 것은 아닙니다. 오페라를 구성하는 핵심 요소인 연극과 노래, 이 두 가지만 놓고 본다면 고대 그리스의 연극에서부터 오페라의 뿌리를 찾을 수 있기 때문이지요. 신을 찬미하던 중세의 성가나, 르네상스의 성악 작품들도 모두 오페라로 향하는 여정이었습니다. 우리가 2장에서 살펴본 힐데가르트 폰 빙엔 수녀의 작품도 오페라의 기초가 되는 형식이라 볼 수 있지요. 또한 윌리엄 셰익스피어의 연극 작품들역시 오페라의 탄생에 중요한 단서를 제공했습니다.

이처럼 오페라는 어느 날 갑자기 누군가가 창조한 장르가 아닙니다. 서양 역사 전반의 발전과 긴밀히 연결되어 등장한 종합 예술이지요. 연극 속 음악을 하나의 독립적 상품으로 발전시키려는 시대적 요구가 있었고, 이에 따라 대본 작가Librettist와 그보다 한 단계 아래 권한을 가진 작곡가가 함께 작품을 만들기 시작했습니다. 이후 오페라는 연기, 무대 장치, 의상, 발레 등 다양한 공연 예술 요소를 모두 아우르는 복합 예술로 발전했습니다. 또한 바로크와 고전주의, 낭만주의 시대를 거쳐 오늘날까지 사랑받는 장르가 되었지요.

다프네에서 시작된 무대의 혁명

최초의 오페라는 1597년 10월, 이탈리아 피렌체의 코르시 궁전에서 공연된 〈다프네〉로 추정됩니다. 옥타비오 리누치니가 대본을 쓰고, 자코모 페리가 작곡을 했지요. 이 작품은 고대 그리스의 연극처럼 노래를 통해 등장인물의 내면을 드러냈습니다. 당시 이 오페라는 피렌체 카메라타의 후원을 받아 제작되었는데요. 1573년부터 1582년까지 조반니 데 바르디 백작의 후원을 받아 운영된 이 모임은 르네상스 시대 피렌체의 인문주의자, 음악가, 시인, 지식인을 위한 예술과 토론 모임이었다고 알려지지요. 그들은 '고대 그리스의 연극처럼, 노래와 극이 자연스럽게 어우러진 예술'을 이상으로 삼았고, 이런 논의 속에서 오페라라는 새로운 형태가 태동했습니다.

〈다프네〉는 피렌체를 중심으로 몇 차례 더 공연되었고, 귀족 사회에서 점차 인기를 끌었습니다. 그러나 바로 오페라가 발전한 것은 아니었습니다. 오페라는 단순히 한 사람의 창작만 가지고 만들어질 수 있는 장르가 아니었으니까요. 현실적인 비용 문제가 가장 컸고, 가장 적극적인 후원자였던 바르디 백작이 로마로 거처를 옮긴 것도 발전 속도를 늦추는 요인이 되었습니다. 하지만 이 과정에서 또 하나의 이정표가 세워졌습니다. 오페라의 발전의 디딤돌이 된 작품, 〈에우리

　　　　　제4장. 인내의 결정, 바로크 음악

디체)의 의뢰가 이루어진 것이지요. 이 작품은 1600년 옥타비오 리누치니가 쓴 동명의 전원극에 자코모 페리가 음악을 붙여 만든 공연이었습니다.

피렌체와 로마에서 새롭게 등장한 장르에 관한 소문은 이탈리아의 주요 가문으로 전달되었습니다. 당시 예술을 후원하던 귀족들도 오페라 제작을 위한 후원에 뛰어들었지요. 처음에는 물리적 여건의 한계로 서서히 작품이 퍼져나갔지만, 곧 이탈리아를 넘어 유럽 여러 도시로 극적이고 흥미로운 장르에 관한 이야기가 알려지기 시작했습니다. 특히 이탈리아 오페라단이 해외 공연을 하기에 앞서 작품집과 악보들이 전해졌고, 이는 유럽 전역으로 오페라가 확산되는 결정적 계기가 되었지요.

유럽 각국으로 퍼져나간 오페라

물론 당시 독일, 프랑스, 영국 등에서도 연극과 음악을 결합한 각국 고유의 장르가 존재했습니다. '노래하는 연극'을 뜻하는 독일의 징슈필Singspiel, '희극 오페라'를 의미하는 프랑스의 오페라 코미크Opéra comique 등이 대표적이지요. 그러나 이탈리아의 오페라처럼 독립적이며 대규모의 장르가 부흥

한 나라는 없었습니다. 각 나라에서는 저마다 자국어로 대본을 작성해 오페라를 발전시켰고, 이를 기반으로 한 작품들이 인기를 얻었습니다.

그럼에도 오페라의 중심지는 단연 이탈리아였습니다. 오페라의 종주국답게 이탈리아 오페라의 영향력은 18세기 말까지도 유럽 전역을 지배했습니다. 오페라는 바로크 후기로 갈수록 호황을 이뤘는데요. 예술적인 측면보다는 귀족들을 중심으로 일종의 오락거리로서 소비되는 경향이 강해졌지요. 이는 당시 오페라의 제작과 공연이 가능할 만큼 경제 상황이 좋았다는 방증이기도 합니다. 반대로 경제 불황기에는 오페라 관련 산업도 함께 침체되었으니, 오늘날의 문화산업과 크게 다를 바 없지요.

당대 최고의 인기 작곡가였던 볼프강 아마데우스 모차르트도 오페라를 썼습니다. 특히 그의 오페라 〈돈 조반니Don Giovanni〉는 처음부터 모차르트가 직접 이탈리아어 대본을 찾고 음악을 붙인 작품입니다. 이 점은 18세기 후반까지도 이탈리아어 오페라가 유럽에서 얼마나 강력한 인기를 누렸는지를 잘 보여줍니다. 이후 리하르트 바그너, 쥬세페 베르디 등 각 나라를 대표하는 작곡가들도 자국어로 된 오페라를 작곡하며 모국의 이야기를 무대에 올리기 시작했습니다.

오페라는 점차 체계적인 구성을 갖추었습니다. 서곡으

로 시작해, 대본의 흐름에 따라 나뉜 여러 막과 장 사이를 음악이 유기적으로 연결하며 극을 이끌어가는 방식이 자리 잡았지요. 오페라의 구조는 이후 교향곡Symphony 발전의 기초가 되기도 했습니다.

귀족의 예술에서 모두의 무대로

오페라의 인기가 점차 높아지면서, 전문 오페라 가수들도 본격적으로 등장하기 시작했습니다. 당시 오페라 제작도 오늘날과 비슷한데요. 후원사 역할을 하는 귀족 혹은 왕실이 있고, 프로덕션 역할을 하는 제작자들도 있었습니다. 제작진은 대본으로 사용할 문학 작품을 오페라용 대본으로 재구성할 대본 작가, 그 대본에 맞는 음악을 쓸 작곡가, 음악뿐 아니라 연기와 춤을 지도할 오페라 코치, 작품 규모에 맞는 오케스트라 단원, 의상 담당자, 무대 효과 관련 전문가 등 다양한 역할의 사람들을 모았지요. 그리고 가장 중요한 오페라 가수들의 섭외도 맡았습니다.

뮤지컬을 예로 들어볼까요. 팬덤을 가진 뮤지컬 배우가 출연하는 날의 공연은 빨리 매진될 뿐만 아니라 암표까지 등장하는 일도 심심치 않은데요. 그 시절에도 똑같았습니다.

인기 있는 오페라 가수가 출연하는 오페라는 흥행으로 이어
진 것이지요. 공연의 인기를 위해 아름다운 외모와 뛰어난
노래 실력을 가진 가수를 찾는 것이 그들의 가장 중요한 일
이었습니다.

이탈리아 오페라의 인기가 자리 잡으며, 이탈리아 전역
에 오페라 전용 극장이 빠르게 세워졌습니다. 그 중에서도
베네치아는 오페라의 중심지로 급부상했는데요. 17세기 후
반부터 18세기까지, 무려 7~8개의 오페라 전용 극장이 운영
되었을 정도입니다. 오늘날까지 전해지는 대표적인 극장으
로는 테아트로 골도니Teatro Goldoni(1622년 개관), 테아트로 산
지오반니 크리소스토모(1678년 개관, 현재는 Teatro Malibran),
라 페니체La Fenice(1792년 개관) 등이 있습니다. 이러한 극장들
은 베네치아뿐 아니라 이탈리아 오페라의 전성기를 상징하
는 문화유산으로 여겨지지요.

지금은 사라졌지만, 17세기 베네치아에서 가장 유명했
던 극장은 테아트로 산 베네데토Teatro San Benedetto였습니다.
1755년에 개관한 이 극장은 조아키노 로시니를 포함한 당대
유명 작곡가들의 오페라 초연 장소로 쓰였으며, 140편이 넘
는 신작 오페라가 이곳에서 세상에 처음 소개되었습니다. 그
러나 안타깝게도 1774년 대형 화재로 전소되었고, 그 자리를
대신한 것이 바로 지금까지 이어지는 라 페니체 극장입니다.

    제4장. 인내의 결정, 바로크 음악

라 페니체는 '불사조'라는 뜻으로, 말 그대로 화재 이후 잿더미에서 다시 태어난 극장입니다. 이곳에서는 수많은 오페라 걸작이 초연되었으며, 지금도 세계에서 가장 상징적인 오페라 극장 중 하나로 꼽힙니다. 하지만 라 페니체도 순탄치만은 않았습니다. 1966년 또 한 번의 방화 사건으로 전소되었습니다. 이후 대대적인 수리 복원 등을 통해 2003년에 재개관하며, 오늘날까지 이탈리아 오페라 극장을 대표하는 뜻깊은 장소로 역할을 이어가고 있습니다.

한편, '공공 오페라 극장'이라는 개념도 이 시기에 등장했습니다. 베네치아에서는 1755년에 모든 시민이 입장료만 내면 누구나 공연을 볼 수 있는 오페라 극장이 문을 열었습니다. 기존의 궁정이나 귀족 전용 공연장이 아닌, 글을 몰라도 음악을 즐기도록 일반 시민을 위한 예술 공간이 탄생한 것이지요. 이는 '예술은 특정 계층의 전유물이 아닌, 모두가 향유할 수 있는 것'이라는 르네상스 시대의 인문주의 정신이 구체화 된 사례이기도 합니다. 이탈리아 오페라가 오래 발전하고 널리 퍼질 수 있었던 이유 중 하나는 바로 이렇게 예술을 열린 공간에서, 누구나 접근 가능하도록 만든 시스템에 있었습니다. 소수를 위한 밀실 예술이 아닌, 사람들을 울고 웃기는 대중 예술로 자리 잡으며 더 폭넓게 영역을 확장해 온 것이지요.

♪

1747년 로마 아르헨티나 극장.
라 로슈푸코 추기경이 열었던 음악 축제의 모습.
디귿(ㄷ) 구조로 된 극장 1열 객석에는
성직자와 귀족들이 음악회를 관람했습니다

바이올린 제작소 크레모나의 공방 이모저모

최초의 바이올린은 이탈리아에서 제작된 것으로 추정됩니다. 현재까지 발견된 가장 이른 기록은 1495년 이사벨라 데스테 곤차가가 무명의 현악기 제작자로부터 세 대의 비올라를 받았다는 문서입니다. 그녀는 만토바의 후작부인이자 예술후원가로 유명한 인물인데요. 이 기록은 15세기 말 이탈리아에서 현악기 제작이 이루어지고 있었음을 보여주는 귀중한 사료입니다. 그 이후 500년이 넘는 시간 동안, 현악기들은 현의 수, 재료, 구조 등 수많은 변화를 겪으며 지금의 형태로 변화해왔습니다. 변화보다는 '진화'라는 표현이 더 적절할지도 모르겠습니다. 악기의 가장 중요한 본질이자 목표인 '좋은 소리'를 위해, 시대마다 제작자들은 끊임없는 개선과 연구를 이어갔으니까요.

현 위의 예술, 크레모나의 유산

16세기 초, 이탈리아의 델라 코르나, 미켈리 가문이 현악기 제작에 나섰고, 이어 베네치아에서는 가스파로 다 살로와 조반니 파올로 마지니가 이름을 알렸습니다. 그러다 16세기 후반에는 이탈리아 북부 크레모나 지역이 본격적인 중심지로 떠올랐습니다. 특히 이 지역의 안드레아 아마티가 자신의 공방에서 본격적으로 바이올린을 제작하기 시작하면서, 오늘날 우리가 아는 바이올린의 형태와 구조를 정립했다고 전해지지요.

17세기 말부터 18세기까지 크레모나에 새로운 현악기 공방 지도가 그려졌습니다. 안토니오 스트라디바리와 주세페 과르네리 델 제수의 공방이 당대 여러 왕실과 귀족에게 악기를 제작, 납품하면서 유명세를 탔거든요. 특히 스트라디바리우스와 아마티는 오늘날까지 가장 유명한 현악기 제작자입니다. 놀랍게도 이들 공방에서 만든 악기들은 지금도 국제 콩쿠르, 솔로 연주 무대 등에서 실제로 사용되며 여전히 아름다운 소리를 울려 퍼뜨리고 있습니다.

대체 이들의 공방에는 어떤 특별한 비법이 숨어있던 걸까요? 어떤 원리로 수백 년 넘은 나무 악기가 지금까지 이토록 멋진 음색을 낼 수 있는 걸까요? 그 비밀을 풀기 위해 오늘날 크레모나에는 전 세계에서 온 제작자들과 학생들이 모여 있습니다. 바이올린의 구조, 재료, 처리 방식 등 다양한 요소들을 분석하며 스트라디바리우스 악기의 정수를 되살리려는 연구가 이어지고 있지요.

이곳에는 스트라디바리우스가 살았던 시절의 크레모나

　　　　　　　　　　제4장. 인내의 결정, 바로크 음악

1691년, 화가 기알디시가 그린 스트라디바리우스 초상화는
오늘날까지 유일하게 전해지는 모습입니다

라면 보통 사람들은 절대 살 엄두도 못 냈을 작품 같은 현악
기들이 주인을 기다리고 있는 곳이기도 하지요. 수백 년의
세월을 지나 온 '올드old', 즉 고악기의 음색은 말로 다 표현
할 수 없을 만큼 깊고 울림이 풍부합니다. 심지어 연주자의
실력이 부족하더라도, 고악기 하나만으로도 그 소리는 몇 배
더 무르익은 음악처럼 들리는 정도입니다. 이러한 이유로 음
악 콩쿠르에 참가하는 학생들이 종종 고악기를 대여해 출전
하는 일도 흔하지요. 물론 어떤 악기를 사용하더라도 자신만

130

의 감성과 해석으로 음악을 전달할 수 있는 연주자만이 진정한 예술가일 것입니다. 하지만 그런 예술가에게 오랜 시간동안 사람의 손과 마음을 거친 악기가 주어질 때, 우리는 말로 설명할 수 없는 소리의 기적을 경험하게 됩니다.

연주될 때 비로소 살아나는 악기

고악기는 현재까지도 그 가치가 매우 높습니다. 예를 들어, 안토니오 스트라디바리우스가 1698경년에 제작한 것으로 알려진 첼로 '출몬들리'는 1988년 6월, 런던의 소더비 경매에서 익명의 구매자에게 약 68만 2000파운드(미화 약 120만 달러)에 낙찰되었습니다. 이후에도 기록은 계속 경신되었습니다. 특히 2025년 3월에는 1714년 스트라디바리우스가 제작한 것으로 추정되는 바이올린 '요아힘 – 마'가 약 165억 원에 낙찰되며 세간의 이목을 집중시켰지요.

스트라디바리우스를 비롯해 아마티, 과르네리 등 17세기와 18세기 이탈리아의 대표적인 현악기 제작자들이 만든 악기는 현재 전 세계에 약 550대가 남아 있는 것으로 추정됩니다. 악기는 유럽의 왕실이나 박물관, 미국과 아시아의 주요 기업재단 등에서 소장하고 있으며, 다수는 대여 시스템을

 제4장. 인내의 결정, 바로크 음악

통해 연주자들에게 제공되고 있습니다. 특히 국제 콩쿠르에서 우승한 연주자에게 대여 혜택을 주는 방식으로 젊고 유망한 연주자들의 활동을 격려하는 일에 활용되고 있지요.

이러한 활동은 겉으로 보기엔 기업이나 재단의 사회공헌처럼 보이기도 합니다. 하지만 엄밀히 말하자면, 이는 연주자를 위한 일이기 이전에 악기 그 자체를 위한 일이기도 합니다. 현악기는 일정한 간격으로 꾸준히 연주되어야만 본래의 소리를 유지할 수 있습니다. 오랜 시간 방치되면 나무가 수축하거나 균열을 일으키며, 점차 음색이 사라지기 때문이지요. 다시 말해, 고악기는 '연주됨'으로써 생명을 이어가는 존재인 셈입니다.

오늘날 수많은 무대 위에서 고악기가 빛을 발할 수 있는 것도, 수백 년에 걸쳐 이 악기를 연주한 음악가들의 손과 숨결 덕분입니다. 바로 그런 이유에서일까요. 이 악기들의 역사는 곧 서양 음악의 역사와도 닮아있다는 생각을 하게 됩니다.

현악기 제작도 음악의 일부

현악기 제작은 수백 년의 세월을 지나오며 의외로 큰 변화가 없었습니다. 제작 기술과 방식은 16세기부터 18세기 사이의

'황금기'를 거치며 거의 완성되었고, 이후에도 본질적인 틀은 크게 변하지 않았거든요. 18세기 이후로는 소소한 현대화가 이루어졌을 뿐, 그 핵심 기술은 여전히 전통을 고수하고 있습니다. 그러다 시간이 흐르며 현악기 제작자를 양성하는 전문 교육 기관이 곳곳에 생겨났고, 이곳에서 수학한 학생들은 전문 현악기 제작자가 되었습니다. 이러한 전통은 지금까지도 지속되고 있으며, 그 역사적 가치를 인정받아 2012년에는 '크레모나의 전통 현악기 제작 문화'가 유네스코 무형 문화유산으로 등재되었습니다. 단순한 기술이 아닌, 예술과 장인정신이 깃든 문화로 인정받은 셈입니다.

현악기 제작은 일반적으로 바이올린, 첼로, 비올라, 콘트라베이스처럼 활로 연주하는 악기는 물론, 기타, 베이스, 만돌린처럼 손으로 튕겨 연주하는 악기의 설계와 제작, 복원, 재구성을 아우릅니다. 이러한 기술은 공방마다 조금씩 다른 방식으로 전승되며, 일종의 '영업 비밀'로 여겨졌습니다. 가령, 스트라디바리우스 공방에서는 어떤 종류의 목재를 좋다고 여겼는지, 아마티 가문은 어떤 붓털을 작업에 사용하는 것을 선호했는지 등은 수백 년 동안 축적된 노하우이자 고유의 예술 세계로 간주됩니다.

유럽의 여러 도시 가운데 현악기 제작이 지역 경제의 중요한 전통 산업으로 정착된 곳들도 있습니다. 이탈리아 크레모나, 스페인 그라나다, 프랑스 미르쿠르가 대표적입니다. 물론 모든 악기가 과거의 방식으로 만들어지는 것은 아닙니다. 오늘날의 악기 시장은 상당 부분 대량 생산 체계를 통해 운영되고 있기 때문이지요. 그러나 여전히 장인의 손길로 악기를 제작하는 이들이 존재하며, 크레모나처럼 그 전통을 고스란히 간직한 도시에서는 수백 년 전과 거의 흡사한 방식으로 악기를 제작하는 장인들을 만날 수 있습니다.

장인이 손으로 제작한 악기는 공장에서 대량 생산된 악기보다 훨씬 높은 가격대를 형성합니다. 음질과 마감 처리가 월등히 뛰어나지요. 무엇보다 수제 악기는 개별 연주자의 요구에 맞춰 맞춤 제작이 가능하다는 장점이 있습니다. 이는 기성 제품으로는 도달할 수 없는 영역이기도 합니다. 반면 공장에서 제작된 악기들은 주로 학습 초기 단계에서 사용되며, 연주 기법이 발전하거나 음악적으로 더 높은 수준에 도달했을 때 악기로서 한계를 느낄 수밖에 없습니다. 현악기 제작은 단순한 공예의 영역을 넘어서 연주자의 감성과 손끝의 떨림까지 담아내는, 정교한 예술 행위라 할 수 있습니다. 전통과 기술이 조화를 이루며 한 대의 악기를 완성해 나가는 과정은, 곧 음악의 본질과도 맞닿아 있는 여정이기도 합니다.

그랜드 투어의 원조,
영국의 예술가 스카우트

서양 음악사 속 바로크 시대의 영국 이야기를 해볼까요. 영국의 음악사는 유럽 대륙의 여러 나라보다 한두 박자 늦은 감이 있었습니다. 백년전쟁 시기인 15세기 초중반에는 영국의 예술가들이 네덜란드와 프랑스에 머물며 영국식 예술을 전한 시기도 있었는데요. 그 시기를 제외하면, 영국은 유럽 대륙과는 다소 떨어져 독자적인 흐름 속에서 음악사를 이어 갔다고 볼 수 있습니다.

그 대표적인 사례가 바로 첼로입니다. 우리가 줄여서 '첼로'라고 부르는 이 악기는 원래 '작지만 큰 비올라'라는 뜻의 비올론첼로violoncello라는 이름을 가지고 있습니다. 음악회의 프로그램북에서는 'vc'라는 약칭으로 자주 표기되곤 하지요. 첼로는 낮고 부드러운 음색으로 듣는 이의 마음을 차분히 만들어주는 악기입니다. 첼로의 기원은 15세기 말 스페인의 비올라 다 감바Viola da Gamba 계열 악기의 저음부가 확장되며 만들어졌다는 설이 가장 유력합니다. 이후 16세기부터 본격적으로 등장해, 오늘날까지 서양 음악에 없어서는 안 될 중요한 악기로 자리 잡았습니다.

영국 음악사에서 첼로가 처음으로 등장한 기록은 1707년 런던의 헤이마켓 극장에서 열린 연주회였습니다. 이탈리아에서 첼로가 등장한 지 약 100년 뒤의 일이지요. 당시 무대에 오른 연주자는 로마 출신의 작곡가이자 첼리스트였던 니콜라 하임입니다. 그의 연주회 전까지는 영국에서 첼로라는 악기를 거의 접할 기회가 없었던 것이지요. 이 사례만 보더라도, 당시 영국의 고립된 음악적 역사를 알 수 있지요.

영국의 음악을 깨운 지식 여행, 그랜드 투어

영국의 르네상스는 엘리자베스 여왕 시절, 그 어느 때보다도 문화와 예술이 크게 발전하던 시기였습니다. 그러나 여전히 베네치아, 피렌체, 파리, 빈, 암스테르담 등에 비해 런던은 한 박자 혹은 두 박자 늦은 분위기였지요. 물론 이는 지리적인 요인도 작용했지만, 당시 영국 내부의 정치적, 종교적 상황도 큰 영향을 미쳤습니다. 당시 영국에서는 국교 외의 종교를 믿는 나라에 방문하는 것을 일종의 반역 행위로 간주했습니다. 때문에 가톨릭 국가에 여행을 다녀오면 종교재판을 받을 위험도 있었지요. 이는 자연스럽게 영국 스스로 자신을 외부 세계로부터 고립시키는 결과를 초래했고요. 이런 상황에서 유럽 대륙과 같은 시기에 발전을 이루기는 어려웠겠지요. 하지만 17세기 후반에 접어들며 종교적 규제와 해외여행에 대한 부정적인 인식이 점차 완화되기 시작했습니다.

물론 16세기의 유럽 대륙에서도 다른 나라를 자유롭게 돌아다니는 것이 쉬운 일은 아니었습니다. 당시에는 귀족 계급 이상의 남성에게만 자유로운 이동이 허락되었기 때문이지요. 고향을 떠나 여행한 사람들은 자신이 방문한 도시에서 보고 느낀 점들을 고국에 전달하는 역할도 했습니다. 유럽 대륙은 다양한 국가와 문화가 밀접하게 연결되어 있었고, 크고 작은 영향을 서로에게 주고받을 수 있는 환경이었습니다. 고향에서는 볼 수 없었던 신문물을 접하며 새로운 통찰을 얻는 '지식의 여행'이 가능했던 것이지요.

이러한 배경 속에서 등장한 것이 바로 '그랜드 투어Grand Tour'입니다. 오늘날로 치면 일종의 유학 혹은 교환학생 같은 개념인데요. 조국을 떠나 다른 나라를 여행하며 문학, 예술, 사회, 정치, 경제 등 다양한 분야를 직접 보고 배워오는 것이었습니다. 그 시작은 1572년 귀족 가문 출신의 청년 필립 시드니가 유럽 대륙으로 여행을 떠났던 일이었습니다. 엘리자베스 여왕은 그를 각별히 아껴 여행 경비 전액을 후원했지요. 시드니는 독일, 이탈리아, 폴란드, 오스트리아를 둘러보고 3년 후 영국으로 돌아왔습니다. 그가 여행을 통해 보고 듣고 배운 것들은 당시 영국 사회에 적잖은 영향을 끼쳤습니

　　　　　　　　제4장. 인내의 결정, 바로크 음악

다. 재미있는 점은 당시 그를 사위로 맞이하고자 했던 명문 가가 많았다는 것입니다. 그가 유럽의 앞선 문물을 경험한 인재라는 점이 큰 매력으로 작용했던 거지요.

먼저 그랜드 투어를 다녀온 이들은 음악적 안목과 소양 이 넓어졌고요. 여행 중 영국으로 편지를 보내거나 귀국 후 경험담을 공유함으로써 유럽 음악계의 소식을 영국에 전달 하는 역할도 했습니다. 예컨대, 앞서 소개한 첼로에 관한 이 야기를 떠올려볼까요? 평생 첼로를 한 번도 본 적 없던 청년 이 유럽을 여행하다 빈이나 로마에서 현악 4중주의 깊고 풍 부한 첼로 소리를 처음 듣는 순간, 얼마나 인상 깊었을까요. 분명 그 경험은 새로운 감각을 일깨우는 특별한 기억이 되었 을 겁니다.

출판 활동도 활발하게 이루어졌습니다. 1770년 6월, 영 국의 음악학자 찰스 버니는 파리, 제네바, 토리노, 밀라노, 파 도바, 베네치아, 볼로냐, 피렌체, 로마를 거쳐 나폴리까지 여 행했습니다. 그는 그 여정에서 보고 듣고 느낀 것들을 곧바 로 정리해 책『프랑스와 이탈리아의 음악의 현재 상태』를 출 간하고, 이어 1772년 두 번째 여행기『독일, 네덜란드 및 연 방주의 음악의 현재 상태』를 출간했습니다.

이처럼 '여행을 통한 배움'은 단순한 사치나 유행이 아 닌, 실제로 유럽 문화와 예술의 흐름을 영국으로 끌어들이는 매개이자 자극이었습니다. 다시 말해, 그랜드 투어는 영국이 점차 유럽 음악사의 주요 무대로 나아가게 되는 발판이 되었던 것이지요.

유럽의 소리를 품은 섬나라

그랜드 투어가 가져온 또 하나의 중요한 변화는 유럽의 예술가들을 영국으로 직접 초청하거나 스카우트하는 일이 많아졌다는 점입니다. 유럽 대륙의 예술가들을 스카우트하여 상대적으로 발전이 더뎠던 영국의 예술계를 단기간에 성장시키고자 했던 것이지요.

기록을 살펴보면, 영국 왕실이 유럽의 뛰어난 음악가들에게 귀화를 제안한 일도 여러 번 있었습니다. 대표적인 인물이 바로 우리가 앞서 살펴본 게오르크 프리드리히 헨델입니다. 유럽 각지에서 이미 명성을 얻고 있었던 헨델은 영국의 초청을 받고 런던을 방문했는데요. 그가 런던에서 발표하고 공연한 여러 작품들이 큰 성공을 거두면서, 곧 영국 귀화 제안을 받게 됩니다. 귀화 후 헨델은 더 활발한 작품 활동을 이어갔고, 다양한 연주회와 음악회 기획에도 참여하며 영국 음악계에서 중심적인 역할을 하게 되었습니다. 그의 마지막

　　　　　　　제4장. 인내의 결정, 바로크 음악

은 더욱 인상 깊은데요. 헨델은 웨스트민스터 사원에 묻히는 영예를 누릴 정도로, 영국에서 존경받는 음악가로 생을 마감했습니다.

또 다른 인물로는 프란츠 요제프 하이든이 있습니다. 그는 헝가리의 에스테르하치 가문에서 오랜 기간 음악 감독으로 일하며, 현악 4중주를 비롯한 수많은 고전주의 음악의 명작을 남겼습니다. 하이든에게 1782년부터 무려 8년 동안이나 영국 왕실로부터 귀화와 초청을 권유하는 편지가 이어졌습니다. 그러나 그는 자신을 오랫동안 후원해 온 에스테르하치 가문과의 신의를 지키기 위해 답장조차 하지 않았지요.

그러던 중 1790년, 하이든의 후원자였던 니콜라스 왕자가 세상을 떠났습니다. 때마침 런던에서 활동하던 바이올리니스트 요한 잘로몬이 그에게 런던 여행을 제안했지요. 하이든은 에스테르하치 가문의 허락을 받아 1791년 1월 1일, 런던으로 출발합니다. 이 첫 번째 런던 방문은 약 1년간 이어졌고, 1794년에도 한 번 더 런던을 방문해 다시 1년간 머물렀습니다.

하이든이 런던에서 가장 놀랐던 점은, 자신의 음악이 이미 현지에서 높은 인기를 누리고 있었다는 사실이었습니다. 오랜 시간 에스테르하치 가문의 음악 감독으로만 살았던 탓에 먼 나라에까지 자신의 작품들이 알려졌으리라고는 생각

1709년 마르코 리치의 〈하프시코드 앞의 니콜라 하임〉.
하임이 연주하고, 그리말디와 노래하며 첼로와 베이스가 뒤를 받칩니다

하지 못했던 것이죠. 런던에서 받은 환대는 그에게 새로운 기쁨이 되었고, 훗날 그는 "런던에서의 시간이 인생에서 가장 행복한 시절 중 하나였다"는 말을 남기기도 했습니다.

바로크와 고전주의를 지나는 동안에도 이러한 제안은 계속 되었습니다. 왕실뿐만 아니라, 영국의 음악 애호가와 부유한 가문들이 직접 음악가들을 초청하거나 지원하는 경우도 많았지요. 베토벤에게는 교향곡을 의뢰했고, 쇼팽에게는 영국 투어를 제안하기도 했습니다. 이러한 노력의 결과로 영국은 세계에서 손꼽히는 클래식 음악의 중심지로 자리매

  제4장. 인내의 결정, 바로크 음악

김하게 되었습니다. 모차르트나 바흐처럼 이름만으로 전 세계인을 감동시키는 음악가를 배출한 나라가 아닐지라도 대륙의 음악을 존중하고 받아들이며 자신만의 음악 문화를 만들어나간 영국의 이야기는 여전히 현재 진행형입니다.

제5장

폭발적! 혁신적!
고전주의 음악

18세기는 서양 음악사에서 가장 놀라운 시기 중 하나입니다. 바로크 시대에서 이어져 온 다양한 음악적 아이디어와 형식들이 고전주의를 만나 완전히 새로운 세계를 열었기 때문이지요. 또 한편으로 이 시기는 낭만주의라는 서양 예술의 절대적 황금기로 향해 가는 시절이기도 했습니다. 사상가들은 더 나은 세상을 향한 희망을 이야기했고, 사람들은 이전보다 더 인간적인 삶을 꿈꾸기 시작했습니다. 그 이면에는 사회적 긴장과 불안이 존재했지만, 아이러니하게도 바로 그 불안한 시대적 분위기 속에서 오히려 더욱 활발하고 창의적인 예술의 흐름이 시작된 것입니다.

고전주의 음악의 발전은 당시 유럽 사회 전반의 흐름과

긴밀하게 맞물려 있었습니다. 시장 경제가 본격적으로 형성되었고, 투자자와 기업가들은 수익을 체계적으로 추구할 수 있게 되었지요. 학계와 문화계가 발전했고, 새로운 사회 계층이 성장하며 이전에는 존재하지 않았던 새로운 음악 시장도 열리게 되었습니다. 계몽주의의 영향으로 사람들은 스스로 사고하고, 자신만의 감각으로 예술을 이해하고자 했고요. 자연스럽게 문화와 예술 분야 전반에서도 큰 변화들이 나타나게 됩니다.

이 시기의 음악가들은 여전히 왕실과 귀족을 위한 연주 활동을 하기도 했지만, 동시에 귀족 가문 자제들의 음악 교육을 맡거나 일반 시민을 위한 공개 연주회에 참여하는 등 활동의 폭을 넓혀 나갔습니다. 작곡가들은 계약을 맺고 작품을 출판하여 수입을 얻었고요. 종교를 위한 음악도 여전히 작곡되었지만, 동시에 세속적인 요소들이 교회 음악에까지 반영되는 현상도 나타났습니다.

이전 시대의 전통을 따르되, 동시에 전례 없던 새로운 형식을 만들어내는 일은 예술가들의 끝없는 과제였습니다. 본격적으로 그러한 시도가 활발히 이어진 시대는 바로 고전주의였습니다. 이 시기에 비약적인 성장을 이룬 장르로는 오페라, 기악 소나타, 교향곡, 현악 사중주 등이 있습니다. 작품의 형식이 점차 확장되면서 기존 악기들의 개량도 자연스레 이루어졌고요. 특히 바로크 시대에 중심 악기였던 하프시코드는 점차 '피아노포르테', 즉 오늘날의 피아노에게 그 자리를 넘겨주게 됩니다.

고전주의 시대 음악의 핵심은 명확한 형식성과 논리적인 구조입니다. 작품 안에서 균형과 조화를 중시했고요. 누구나 이해할 수 있는 단순하고 직관적인 화성 진행을 선호하던 경향도 이 시기의 특징 중 하나이지요. 또한 교향곡과 협주곡, 실내악 등에서 특정한 작곡 방식과 규칙이 정착되었는데요. 이러한 어법들은 이후의 음악사에도 깊은 영향을 끼쳤습니다.

복잡하고 장식적인 대위법에서 벗어나, 더 많은 청중이 쉽게 공감하고 즐길 수 있는 음악이 유행하게 되었습니다. 그중에서도 가장 눈에 띄는 성과는 바로 교향곡이라는 장르의 발전과 오케스트라 편성의 정착이지요. 특히 지금 우리가 클래식 음악이라 부르며 사랑하는 작품 중 다수가 이 시기에 만들어졌습니다.

　　　　제5장. 폭발적! 혁신적! 고전주의 음악

고전주의 3인방:
하이든, 모차르트, 베토벤

서양 음악사에서 일반적으로 고전주의 시대는 1750년부터 1820년까지로 구분됩니다. 이는 바로크 시대의 대표 작곡가였던 요한 제바스티안 바흐가 세상을 떠난 해를 기점으로 바로크 음악의 종언을 보며 시작되고, 루트비히 판 베토벤의 후기 작품들이 낭만주의의 양식을 품기 시작한 시점을 고전주의의 끝으로 보는 데서 비롯된 구분입니다. 이러한 구분은 음악사의 흐름을 이해하는 데 있어 충분히 설득력 있는 기준이라 할 수 있습니다. 우리는 바흐 이후, 그리고 베토벤의 후기 작품들이 피어나는 시기까지를 고전주의 음악의 범주로 삼아 살펴보고자 합니다.

고전주의 음악을 대표하는 이름으로는 요제프 하이든, 볼프강 아마데우스 모차르트, 그리고 루트비히 판 베토벤을 들 수 있습니다. 이 세 사람은 서양 음악사에서 흔히 '제1빈악파'로 불리며, 고전주의 시대의 중심 양식을 정립한 인물들로 평가받고 있지요. 물론 이들과 동시대에 만하임, 런던, 파리, 밀라노 등지에서도 유사한 움직임을 보인 작곡가들이 있었지만, 고전주의 음악의 발전을 이끈 중심지는 단연 빈이었습니다. 그런 의미에서 이 세 인물을 통해 고전주의 음악을 기억해 보는 것도 무척 의미 있는 접근이라 할 수 있습니다.

파파 하이든!

요제프 하이든은 고전주의 시대를 화려하게 연 음악가입니다. 성 슈테판 대성당의 소년 합창단원으로 음악 인생을 시작한 그는, 이후 당대 유력한 귀족 가문이었던 헝가리의 에스테르하지 가문에서 무려 30년간 음악 감독으로 재직하며, 고전주의 음악의 형식과 양식을 체계적으로 다져나갔습니다. 동시에 그는 동시대 음악가들에게 '어떻게 음악가로 살아야 하는가'를 몸소 보여준 인물이기도 했습니다. 고용된 위치에서는 누구보다 성실했고, 독립적인 위치에선 누구보다 능동적으로 활동한 그의 삶은 후배 음악가들에게 귀감이 되었지요. 그는 빈을 비롯한 유럽 여러 도시에서 존경받는 음악가였습니다. 평소 성격도 쾌활하고 호탕하여, 에스테르하지 궁정의 오케스트라 단원들은 그를 친근하게 '파파 하이든'이라 불렀지요.

하이든은 17세 무렵, 음악을 배우기 위해 고향을 떠나 빈에서 생활을 시작했습니다. 그러나 변성기로 인해 소년 합창단 활동을 이어가기 어려웠고, 장난을 치다 동료 단

원의 가발을 망가뜨린 일까지 겹쳐 성 슈테판 성당의 합창
단에서 퇴단하게 됩니다. 숙소마저 떠나야 했던 그는 친구
의 집 다락방에 머무르며 생계를 이어갔고, 음악 교사, 연주
자, 작곡가, 성악가 등 음악과 관련된 일이면 무엇이든 부지
런히 해냈습니다. 그런 모습을 눈여겨본 한 귀족의 추천으로
1758년, 그는 모르친 백작의 음악 감독으로 첫 정규직에 취
직하게 되었지요.

하지만 모르친 백작의 경제 사정이 악화되면서, 하이든
은 약 3년 뒤 해고됩니다. 다행히 얼마 지나지 않아 헝가리
의 에스테르하지 가문에서 부악장으로 채용되었고, 4년 뒤
에는 악장의 사망으로 인해 자연스럽게 음악 감독으로 승진
하게 됩니다. 이후 30년간 그는 에스테르하지 궁정의 음악
을 책임지며, 고전주의 음악을 대표하는 수많은 작품을 남
기게 됩니다.

하이든이 담당한 업무는 단순히 작곡에 그치지 않았습
니다. 오케스트라를 지휘하고, 후원자들을 위한 실내악을 연
주하며, 오페라 편곡에도 참여했지요. 가문의 주인인 파울
안톤과 니콜라우스 1세는 하이든의 재능을 높이 평가했고,
그의 음악 활동을 적극적으로 지원했습니다. 오케스트라 단
원의 수를 늘려달라는 요청이 즉각 받아들여졌고, 1779년 재
계약 당시에는 하이든이 자신의 작품을 자유롭게 출판사에

판매할 수 있도록 허용해 주기도 했습니다. 이러한 신뢰와 지원 속에서 하이든은 더욱 충실히 자신의 임무를 다하며 가문에 보답했지요.

30년간 그는 매년 100회가 넘는 공연을 진행했고, 100편이 넘는 교향곡과 약 70여 편의 현악 사중주를 비롯해 다수의 오페라와 미사곡, 피아노 소나타, 오라토리오 작품들을 남겼습니다. 이들 작품은 고전주의 음악의 정형을 만들어가며 당대 유럽 음악계에 큰 영향을 주었습니다. 만약 하이든이 다른 귀족 가문에서 일했다면, 과연 이처럼 방대한 수의 걸작들이 남겨질 수 있었을까요? 다만, 1779년 에스테르하지 가문의 오페라 극장에서 발생한 화재로 인해 상당수의 악보가 소실된 점은 아쉬운 일입니다. 그 사고가 없었다면 오늘날 전해지는 하이든의 작품은 더 많았을지도 모르겠습니다.

그는 자신의 삶을 돌아보며 "세상과 고립된 상황에서 살아야 했기에, 나를 의심하거나 방해하는 사람이 없었다. 그래서 독창적인 생각을 더욱 깊이 고민할 수 있었다"는 말을 남겼습니다. 어려운 환경에서 독학으로 작곡을 익혔던 하이든에게 그 고립은 어쩌면 축복이었는지도 모릅니다. 실제로 그의 작품에는 참신한 아이디어가 가득 담겨 있지요.

하이든의 개인사는 음악 인생만큼 평탄하지만은 않았습니다. 일찍 결혼했지만 아내와 사이가 좋지 않았고, 자녀

1792년 영국의 초상화가 토마스 하디가 그린 하이든의 초상입니다

도 없었지요. 몇몇 기혼 여성과의 서신 교류나 작품 헌정이 오해를 불러일으키기도 했고요. 그럼에도 그는 은퇴 후 런던과 빈을 오가며 당대 최고의 작곡가로 존경받았고, 모차르트와 베토벤을 비롯한 많은 음악가에게도 깊은 영향을 남겼습니다. 하이든이 남긴 음악은 고전주의를 대표하는 귀중한 자산으로 여겨지며 오늘날까지도 널리 연주되고 있습니다.

불멸의 천재 모차르트

볼프강 아마데우스 모차르트는 서양 음악사에서 가장 널리 알려진 '신동'이자, 시대를 초월한 천재 작곡가입니다. 두 살 무렵 누나의 피아노 연주를 흉내 내기 시작했다는 일화는 단지 전설처럼 들리지만, 이후 다섯 살에 이미 유럽 귀족 사회의 관심을 사로잡을 만큼 비범한 재능을 드러낸 사실은 명확한 기록으로 남아 있습니다. 그의 원본 악보에는 수정의 흔적이 거의 남아 있지 않은데요. 이는 모차르트가 작곡할 때 머릿속에서 모든 악상이 완성된 상태이며 직접 받아 적는 방식으로 작곡했음을 보여줍니다.

짧은 생애 동안 그가 남긴 수많은 작품은 고전주의 각 장르에 생명력을 불어넣었습니다. 모차르트의 음악은 오스트리아를 넘어 유럽 전역으로 퍼져나갔고, 그의 새로운 작품이 발표되는 연주회는 매번 큰 화제를 모으며 매진을 기록했지요. 그의 재능은 왕실과 고위 성직자, 유력 귀족들의 눈길을 끌었고, 자연스럽게 수많은 작품 의뢰로 이어졌습니다.

18세기 유럽은 점차 '사람'을 중심에 둔 변화의 흐름 속에 있었습니다. 음악가들의 사회적 위치도 변화하고 있었지요. 과거에는 귀족이나 교회에 소속된 '하인'으로 인식되던 음악가들이 점차 예술인으로 대우받기 시작한 시기였습니다. 그럼에도 여전히 안정적인 직장을 갖고 귀족의 후원을 받는 삶이 음악가들에게는 일반적인 선택이었습니다. 창작 활동의 자유와 고용의 안정성 사이에서 대부분은 후자를 택했지요.

모차르트는 달랐습니다. 그는 타인의 명령에 따라 음악을 작곡하는 일에 진저리를 냈고, 특히 잘츠부르크 대주교 아래에서의 생활에 큰 스트레스를 느꼈습니다. 결국 그는 사직 후 고향을 떠나 빈으로 향했습니다. 이 결정은 그의 음악 인생에서 가장 중요한 전환점이었습니다. 빈에서 그는 귀속되지 않은 자유로운 음악가, 즉 프리랜서로 활동하기 시작했지요. 물론 이 같은 선택은 천재 모차르트였기에 가능했던 일이기도 합니다. 그럼에도 프리랜서라는 삶의 방식은 오늘날과 마찬가지로 불안정함을 동반했고, 모차르트 역시 때때로 가난과 외로움을 견뎌야 했습니다.

그러나 바로 그 '자유'가 있었기에, 모차르트는 음악의 중심지 빈에서 자신의 상상력과 재능을 마음껏 펼칠 수 있었습니다. 그리고 그렇게 탄생한 수많은 걸작은 지금까지도 전 세계 무대에서 끊임없이 연주되며 사랑받고 있습니다. 그의 음악이 고전주의 시대의 정수를 이룬다고 해도 결코 과장이 아닐 것입니다.

모차르트는 타고난 재능만으로 작곡을 하지 않았습니

다. 그는 늘 배움에 열려 있었고, 선배 작곡가들의 음악을 진지하게 연구하며 자기 것으로 흡수하고자 했습니다. 대표적인 예가 1782년 왕실 도서관 관장이자 음악 애호가였던 고트프리트 반 슈비텐으로부터 받은 바흐와 헨델의 악보입니다. 모차르트는 이 작품들을 통해 대위법과 푸가 기법을 본격적으로 연구했고, 이로부터 얻은 영향은 그의 후기 작품 속에 고스란히 녹아들게 됩니다. 슈비텐은 매주 일요일 도서관에서 사적인 음악회를 열었고, 하이든과 모차르트도 종종 그 자리에 함께했습니다.

1781년 요제프 하이든을 만난 모차르트는 그의 현악 사중주 작품에 깊은 감명을 받습니다. 이후 모차르트는 6곡의 현악 사중주를 작곡하여 하이든에게 헌정하는데요. 이는 모차르트가 하이든을 얼마나 진심으로 존경했는지를 보여주는 대표적인 사례입니다. 두 사람은 음악적으로 깊은 교류를 이어갔고, 하이든이 런던으로 떠나기 전날에도 작별 인사를 나눌 만큼 각별한 사이였습니다. 당시 모차르트는 고령의 하이든이 먼 여행에서 건강을 해칠까 우려하며, 런던행을 만류하려 애썼습니다. 그러나 정작 하이든보다 앞서 세상을 떠난 이는 모차르트였습니다. 하이든은 런던에서 그 소식을 듣고 크나큰 충격에 빠졌다고 전해지지요.

모차르트의 음악은 고전주의 시대를 대표하는 가장 아

요한 네포무크 델라 크로체가 그린 모차르트입니다

름다운 결실 중 하나입니다. 그의 주요 작품들은 기악 소나타, 협주곡, 교향곡, 오페라, 현악 사중주 등 다양한 장르를 아우르는데요. 그중에서도 〈소나타 10번 C장조, K.545〉, 〈소나타 11번 A장조, K.331〉, 〈소나타 12번 F장조, K.332〉 등 1783년에 발표한 세 곡의 피아노 소나타는 고전주의 소나타 형식의 정수를 보여주는 걸작으로 평가받고 있습니다.

오페라 분야에서도 모차르트는 독보적인 존재였습니다.

그는 독일어로 된 대사와 노래가 함께 어우러진 '징슈필'이라는 장르를 비롯해, 이탈리아어 오페라까지 폭넓은 영역에서 작품을 남겼습니다. 특히 프라하에서 초연된 오페라 〈돈 조반니〉는 대성공을 거두었고, 1791년 빈에서 초연된 〈마술피리〉도 불과 몇 달 만에 100회 공연을 돌파하는 등 대중적인 사랑을 받았습니다.

그는 아내 콘스탄체와의 사이에서 여섯 명의 자녀를 두었으나, 안타깝게도 네 명은 유년 시절을 넘기지 못했습니다. 또한 모차르트의 사후에 콘스탄체는 남편의 유산을 알리고 보존하는 데 애썼지만, 그 과정에서 일부 기록과 악보가 유실되기도 했지요. 그럼에도 오늘날까지 모차르트가 사랑받는 이유는 분명합니다. 그의 음악을 들으면 마음이 경쾌해지고, 감정이 환기되며, 삶의 순간들이 더욱 아름답게 느껴지기 때문입니다. 그는 단순히 '천재 음악가'로 남은 것이 아니라, 사람들의 감정을 어루만지는 예술가로, 시대를 초월한 목소리를 지닌 음악가로 오늘날에도 살아 숨 쉬고 있습니다.

파격과 도전과 실험의 아이콘, 베토벤

루트비히 판 베토벤은 서양 음악사의 위대한 거인으로 회자

됩니다. 청력을 점차 잃어가는 불운 속에서도 끝까지 작곡을 멈추지 않았고, 오늘날까지도 연주되는 수많은 작품을 남기며 후대 음악가들에게 깊은 영감을 주었기 때문이지요. 그러나 그가 단지 장애를 극복한 음악가로 존경받는 데 그치지 않는 이유는, 그의 작품이 동시대의 경계를 뛰어넘는 예술적 통찰과 창조성을 담고 있기 때문입니다.

1770년 12월 17일 독일 본에서 태어난 그는 어린 시절 엄격한 아버지의 지도 아래 음악 교육을 받았고, 청년기에는 빈에서 피아니스트로 활동하며 이름을 알리기 시작했습니다. 하지만 20대 중반부터 청력에 이상이 생기면서 연주 활동을 점차 줄였고, 대신 작곡에 더 몰두하게 되었지요. 12세에 첫 작품을 남긴 이후 세상을 떠날 때까지 작곡에 매진한 그는 총 722편에 이르는 방대한 작품을 남겼고, 이들 작품은 지금까지도 고전주의 음악의 정점이자 낭만주의의 서막을 알리는 결정적 유산으로 평가받고 있습니다.

그중에서도 특히 주목할 만한 작품이 두 편 있습니다. 바로 〈삼중 협주곡 C장조, Op. 56〉과 〈교향곡 9번 d단조, Op. 125〉 '합창'이지요. 첫 번째로 살펴볼 작품인 삼중 협주곡은 1804년 5월, 베토벤의 주요 후원자였던 프란츠 요제프 막시밀리안 폰 로브코비츠의 저택에서 열린 비공개 음악회에서 처음 연주되었습니다. 이날 피아노, 바이올린, 첼로 연주자

세 사람이 한 무대에서 오케스트라와 함께 협주를 펼쳤는데
요. 피아노는 베토벤이 직접 맡았고, 바이올린은 안토닌 브
라친스키, 첼로는 안톤 크라프트가 연주했다고 알려지지요.

기악 협주곡은 18세기 후반까지 피아노나 바이올린처
럼 한 악기와 오케스트라가 중심이 되는 형식이 일반적이었
는데요. 세 악기가 동시에 협연을 펼친다는 점에서 이 작품
은 당시로서는 매우 파격적인 구성이었습니다. 이 무대에 대
해 로브코비츠가 어떤 평가를 남겼는지는 전해지지 않지만,
베토벤은 이 작품에 대해 상당한 액수의 후원금을 받은 것으
로 기록되어 있습니다.

〈삼중 협주곡〉은 18세기 프랑스에서 유행한 신포니아
콘체르탄테 형식을 바탕으로 세 악기를 중심에 두고 오케스
트라와 주고받는 음악적 대화를 이끌어냅니다. 특히 첼로의
파트가 길고 독립적인 흐름을 갖고 있어, 연주자에게 고도의
기교와 감정을 요구하지요. 실제로 이 작품은 베토벤이 두
개 이상의 독주 악기를 위해 완성한 유일한 협주곡이기도 합
니다. 연주 시간은 약 30분 남짓이지만, 세 악기와 오케스트
라가 만들어내는 유기적인 흐름은 이 작품을 베토벤의 대표
레퍼토리 중 하나로 자리 잡게 했습니다.

두 번째로 살펴볼 〈교향곡 9번 d단조, Op. 125〉, 즉 '합
창'도 파격적인 실험이 이루어진 작품입니다. 이전까지 교향

     제5장. 폭발적! 혁신적! 고전주의 음악

곡은 오케스트라의 연주로만 구성된 장르였기 때문에, 4악장에 이르러 갑작스럽게 등장하는 성악과 합창은 청중들에게 엄청난 충격을 안겨주었습니다. 오늘날에는 너무나도 익숙한 이 형식이, 당시에는 '전혀 새로운', 심지어는 '상상조차 어려웠던' 파격이었던 것이지요.

사실 베토벤은 이 아이디어를 이미 1808년 발표한 〈합창 환상곡 Op. 80〉에서 시도한 바 있었습니다. 그로부터 약 10년 뒤, 1817년 런던 필하모닉 협회로부터 교향곡 작곡 의뢰를 받은 그는 이 구상을 다시 꺼내 들었습니다. 당시 베토벤은 완전히 청력을 상실한 상태였음에도 불구하고 이 거대한 작품을 완성했는데요. 여러 초고와 편지들을 통해 그가 이 곡을 오랫동안 구상해 왔음을 확인할 수 있지요.

1824년 5월 7일 빈에서 열린 초연 당시, 그는 지휘자의 박자를 보지 못하고 청중의 박수도 듣지 못했지만, 관객들은 기립박수로 그의 음악에 응답했습니다. 이 장면은 지금까지도 서양 음악사에서 가장 감동적인 장면으로 회자되고 있지요.

이 작품은 교향곡이라는 형식에 성악과 문학, 즉 시를 결합시킨 결정적인 전환점이었으며, 이후의 낭만주의 음악에 큰 영향을 미쳤습니다. 특히 마지막 악장에 사용된 프리드리히 실러의 시 〈환희의 송가〉는 인류애와 평화, 보편적 형제애를 노래하는 메시지를 담고 있어 유네스코 세계기록

오페라 가수이자 초상화가 페르디난트 시몬이 1819년에 완성한 베토벤의 초상화입니다

유산으로도 지정되었습니다. 오늘날 유럽연합의 공식 국가에도 이 선율이 사용될 만큼, 그 상징성과 예술적 가치는 실로 지대하다고 할 수 있지요.

합창이 발표되기 한참 전인 1802년, 베토벤은 위장 질환 치료를 위해 하일리겐슈타트에 머물렀습니다. 이 시기에 그는 자신의 청력 상실로 인한 절망과 고통을 털어놓는 장문의

     제5장. 폭발적! 혁신적! 고전주의 음악

편지를 형제에게 남겼는데요. '하일리겐슈타트 유서'로 불리는 이 편지는, 자신의 재산에 대한 정리와 더불어 삶에 대한 애정, 그리고 음악을 향한 마지막 희망이 함께 담긴 글이었습니다. 그는 이 편지에서 삶을 마감하고 싶을 정도로 고통스러웠던 심정을 고백하면서도, 결국 음악이 있었기에 살아갈 수 있었노라 말합니다.

실제로 베토벤의 삶은 주변 사람들과의 갈등, 고독, 육체적 고통 등 결코 평탄한 길을 걷지 못했습니다. 그는 결코 다정한 성격도 아니었고, 종종 괴팍한 인물로 묘사되기까지 했지요. 그러나 예민하고 신경질적이었던 그의 태도는, 오히려 그가 청력을 잃어가는 과정에서 감당해 낸 내면의 고통을 말해주는 단면일 것입니다.

1827년, 그의 장례식이 거행되었을 때 3,000명이 넘는 시민들이 모여 이 위대한 음악가의 마지막 길을 배웅했습니다. 그의 삶은 예술이 고통을 이길 수 있음을, 그리고 한 인간의 신념이 시대를 뛰어넘는 울림을 만들 수 있음을 보여주는 위대한 서사였습니다.

고전주의 하이라이트, 교향곡의 탄생

교향곡은 서양 음악사의 정수를 압축해 담은 장르라 할 수 있습니다. 물론 다른 음악 형식들도 뛰어난 작품들을 수없이 탄생시켜 왔지만, 교향곡만큼 다양한 음악 요소들이 한자리에 어우러지는 장르는 드뭅니다. 우리말로는 '교향곡'이라 부르지만, 보통은 '심포니'라는 명칭으로 더 자주 불리는데요. 고대 그리스어와 프랑스어를 거쳐 형성된 이 단어의 어원은 조화, 어울림, 다양성 등을 뜻합니다. 여러 악기가 함께 어우러져 하나의 음악을 완성해 내는 조화로움이야말로 교향곡의 본질이라 할 수 있지요.

최초의 교향곡은 1730년대 이탈리아에서 등장했습니다. 르네상스와 바로크 시대의 풍성한 음악 양식들이 활발히 창조되던 그곳에서 오페라의 서곡 형식이 점차 독립적인 연주용 작품으로 발전하기 시작했고, 이를 바탕으로 교향곡이라는 새로운 형식이 본격화된 것입니다. 이후 교향곡은 유럽 전역으로 퍼져나갔고, 1740년에서 1800년 사이에만 약 7,000여 곡이 작곡되었을 정도로 폭발적인 인기를 누리게 됩니다.

교향곡이라는 장르가 본격적으로 체계를 갖춘 것은 요제프 하이든이 이 형식의 작품을 꾸준히 작곡하기 시작한 시

　　　　　제5장. 폭발적! 혁신적! 고전주의 음악

점부터입니다. 고전주의 시대를 대표하는 그의 교향곡은 이후 작곡가들에게 중요한 모범이 되었고, 오늘날에도 교향곡의 기틀로 평가받고 있습니다. 18세기 이후부터 교향곡은 음악사의 중심에 자리하게 되었고, 모차르트, 베토벤을 비롯해 슈만, 멘델스존, 브람스, 바그너, 말러, 차이콥스키, 라흐마니노프에 이르기까지 수많은 작곡가가 각자의 시대를 대표하는 작품을 남겼습니다.

하이든이 활동하던 시기의 오케스트라는 대체로 25명에서 35명 규모였습니다. 하지만 그가 세상을 떠난 지 200여 년이 지난 오늘날, 교향곡은 가장 많은 연주자가 무대에 오르는 대형 편성의 장르로 자리 잡았습니다. 작품에 따라 적게는 30명, 많게는 100명에 이르는 연주자들이 함께 무대에 오르지요. 이는 곧 교향곡이라는 장르가 보다 크고 섬세한 음악 구조를 요구하게 되었음을 의미합니다. 자연스럽게, 오늘날 전 세계의 교향악단은 가장 많은 인력을 고용하는 연주 단체가 되었습니다.

현대 오케스트라는 현악기, 관악기, 타악기 등 다양한 악기로 구성되어 있습니다. 구체적으로는 바이올린 39명, 비올라 8명, 첼로 11명, 더블베이스 9명, 하프 1명, 플루트 2명, 오보에 4명, 클라리넷 3명, 바순 4명, 호른 3명, 트럼펫 3명, 트롬본 3명, 튜바 1명, 팀파니 1명, 타악기 연주자 3명 정도가 기본 편성으로 활동하지요. 여기에 연주하는 곡이나 필요에 따라 추가 인원이 초청되기도 합니다. 예를 들어 베토벤의 '합창'이 연주될 때는 합창단이 함께 무대에 오르고, 말러의 〈교향곡 3번 d단조〉를 연주할 때는 여성 합창단과 어린이 합창단, 솔리스트 성악가들이 함께 출연하지요. 이처럼 교향곡은 작곡가의 예술적 구상을 구현하기 위한 가장 입체적이고 복합적인 무대이자, 서양 음악사의 진화 과정을 가장 극적으로 보여주는 장르라 할 수 있습니다.

새로운 교향곡의 탄생

이탈리아에서 유행하기 시작한 교향곡 양식은 곧 빈과 만하임을 비롯한 유럽 여러 도시로 퍼져나갔습니다. 특히 요제프 하이든을 중심으로 교향곡의 중심지는 점차 빈으로 옮겨오게 되었지요. 교향곡에 대한 수요가 커지자, 수백 개의 귀족 가문들이 저마다 소규모 오케스트라를 운영하며 연주회를 열었습니다. 심지어 궁정에서의 교향곡 연주 기회를 얻기 위해 귀족 오케스트라 간에 경쟁이 벌어질 정도였지요.

고전주의 교향곡의 역사에 깊은 발자취를 남긴 요제프 하이든은 총 106편에 이르는 교향곡을 작곡했습니다. 이 시기 하이든은 보통 3악장 또는 4악장 구성의 형식을 따랐고, 이 전통은 이후 고전주의 교향곡의 표준이 되었습니다. 왕실과 귀족을 위한 전통적인 연주뿐 아니라, 점차 일반 대중을 위한 공공 음악회가 늘어나면서 교향곡이 더욱 폭넓게 연주되었고, 오늘날 우리가 알고 있는 교향곡 형식도 이 시기부터 본격적으로 정립되기 시작했습니다.

하이든과 모차르트, 베토벤은 고전주의 교향곡을 완성해 나가는 동시에 연주 방식에도 중요한 변화를 가져왔습니다. 예를 들어, 초기 소규모 오케스트라에서는 하프시코드 연주자가 일종의 지휘자 역할을 맡았지만, 점차 이 역할은 제1바이올린의 악장에게로 넘어갔고요. 교향곡에서는 현악기가 선율을 이끌고, 관악기는 화성과 음색의 깊이를 더하는 역할을 맡는 방식이 일반화되었습니다. 하이든의 말년 무렵에는 당시 새롭게 등장한 악기인 클라리넷이 교향곡 편성에 정식으로 포함되기도 했지요.

상업적인 가치를 지닌 교향곡은 새로운 음악회 프로그램을 구성하는 데에도 적극 활용되었습니다. 예컨대 음악회에서는 10분 내외의 교향곡을 첫 곡으로 배치한 뒤, 이어 기악곡이나 성악 실내악 연주를 이어가는 방식이 일반적이었습니다.

프랑스의 작곡가이자 낭만주의 교향곡의 혁신가였던

엑토르 베를리오즈는 오케스트라를 "동시에 혹은 연속적으로 다양한 성격의 수많은 소리를 만들어낼 수 있는 거대한 악기"라고 표현했습니다. 그는 또 "오케스트라의 힘은 현대 음악에 사용되는 모든 연주 수단을 얼마나 잘 결합하느냐에 따라 결정되며, 그것이 어떻게 선택되었는지, 또 음향 조건이 얼마나 유리한지에 따라 그 효과가 달라진다"고 강조하지요. 이는 오케스트라를 하나의 유기적인 악기로 보고, 그 속에서 교향곡이 얼마나 정교하게 설계되고 연주되는지를 보여주는 탁월한 설명이라 할 수 있습니다.

D장조, 9번의 미신, 그리고 베토벤

조금 재미있는 이야기를 하나 해볼까요? 어느 문명, 어느 대륙에서든 미신은 존재했습니다. 미신은 선조들의 삶에서 비롯된 지혜이자, 동시에 알 수 없는 세계에 대한 불안이 투영된 일종의 금기tabu라고도 할 수 있지요. 서양 음악사에서도 예외는 아닙니다. 교향곡의 역사를 이끌었던 작곡가들 사이에서는, 한때 흥미로운 미신이 회자되곤 했습니다. 바로 '아홉 번째 교향곡을 완성하면 불행한 죽음을 맞는다'는 이야기였습니다.

　　　제5장. 폭발적! 혁신적! 고전주의 음악

물론 이 이야기는 어디까지나 농담처럼 떠돌던 일종의 징크스입니다. 그러나 실제로 이 미신에 영향을 받은 이들이 있었습니다. 특히 오스트리아의 천재 작곡가 구스타프 말러는 이 미신을 꽤 진지하게 받아들였습니다. 그는 교향곡을 작업하면서 아홉 번째 작품에 숫자를 붙이는 대신, 〈대지의 노래〉라는 제목을 붙여 교묘히 9번을 피하려 했습니다. 그러나 그다음 작품인 교향곡 제9번을 완성한 뒤, 지병이 악화되어 빈으로 돌아오자마자 세상을 떠났습니다. 아이러니하게도 '9번의 징크스'를 피하려 했던 그의 시도는 끝내 실패로 돌아갔지요.

비슷한 시기에 활동한 오스트리아의 작곡가 안톤 브루크너도 아홉 번째 교향곡을 피하기 위해 독특한 방법을 고안했습니다. 보통 첫 번째 교향곡에 붙이는 '제1번' 대신, '00번'이라는 숫자를 붙였던 것입니다. 그러나 그의 말년작이자 진짜 아홉 번째 교향곡인 작품을 끝으로 그 역시 생을 마감합니다. 이쯤 되면 단순한 우연이라기엔 묘한 기시감이 들기도 하지요.

미신이 비로소 깨진 것은 20세기 러시아의 작곡가 드미트리 쇼스타코비치에 이르러서였습니다. 그는 9번을 훌쩍 넘는 수많은 교향곡을 발표하며 이 미신에서 자유로워졌고, 이후 현대 작곡가들 사이에서도 9번 교향곡의 징크스는 점차 사라졌습니다.

재미있는 사실은 이 미신이 베토벤 이후에 생긴 것이라는 점입니다. 실제로 하이든은 106곡, 모차르트는 약 47곡의 교향곡을 남겼지만, 이들에게 9번의 징크스 같은 개념은 존재하지 않았습니다. 그만큼 베토벤의 영향력과 상징성이 후대에 얼마나 컸는지를 보여주는 반증이기도 하지요. 심지어 그는 D장조 협주곡을 단 한 곡 작곡했는데, 요하네스 브람스와 표트르 차이콥스키도 이를 따라 단 한 곡씩의 D장조 협주곡을 남겼습니다. 이 또한 후배 작곡가들이 베토벤을 얼마나 의식했는지를 엿볼 수 있는 대목이지요.

문학과 음악의 상관관계: 괴테와 음악가들

누구나 할 수 있는 음악, 바로 노래입니다. 악기를 다룰 줄 몰라도, 악보를 보지 못해도 우리는 저마다의 방식으로 노래를 부를 수 있지요. 고대 그리스 시절부터 하나둘 악기가 생겨나기 전까지, 인류는 음악이 필요할 때마다 노래를 불렀습니다. 이러한 노래의 역사는 시대와 대륙, 문명을 막론하고 공통적으로 발견되는 현상이기도 합니다.

     제5장. 폭발적! 혁신적! 고전주의 음악

　노래라는 장르는 본질적으로 가사를 필요로 하는 음악입니다. 서양 음악사를 살펴보면 사람들은 점차 노래에 이야기를 담고자 했습니다. 신을 찬미하는 기도문, 아름다운 사랑 이야기, 슬픈 감정을 위로하는 노랫말, 때로는 미지의 세계를 향한 모험담까지. 점점 더 다양한 이야기를 가사로 담아 노래하기 시작했지요.

　성악 작품들이 발전해 가는 과정에서 하나의 중요한 전환점이 등장합니다. 바로 고전주의 시기에 이르러 작곡가들이 '문학적 언어'를 가사로 삼기 시작한 것이지요. 단순한 이야기나 장면의 나열을 넘어, 인간 존재에 대한 탐구, 감정의 섬세한 결, 철학적 사유가 담긴 시어들이 노래의 재료로 쓰이게 된 것이지요. 작곡가들은 이제 어떤 시인의 언어로, 어떤 문학적 상상력으로 성악 작품을 완성할 것인지 깊이 고민했습니다.

　이러한 경향은 성악 작품에만 국한되지 않았습니다. 기악곡, 교향곡 등 순수 기악 음악 속에서도 문학적 정서와 구조가 반영되기 시작했습니다. 음악을 듣는 청중들도 이제 단지 선율의 아름다움에만 집중하는 것이 아니라, 그 속에 담긴 서사적 흐름과 시적 감성을 함께 감상하게 되었지요. 너무 저속하거나 자극적인 작품은 청중의 외면을 받았고, 진리나 순수한 사랑, 인간의 깊은 감정을 표현한 작품은 찬사를 받았습니다.

이러한 흐름의 배경에는 '책의 대중화'가 있었습니다. 17세기 후반부터 프랑스 파리를 중심으로 책이 폭넓게 보급되기 시작했고, 이로 인해 작가와 출판사, 서점은 물론 독자가 급격히 늘어난 것이지요. 사람들은 당대 저명한 사상가의 철학서부터, 기사들의 연애담, 평민의 일기까지 다양한 소재와 내용을 담은 책에 열광했습니다. 물론 이 중에는 수많은 음악가도 포함되어 있었고요.

베토벤도 그중 한 사람이었습니다. 그는 당대 최고의 문호였던 요한 볼프강 폰 괴테의 열렬한 독자였지요. '괴테의 언어를 접하면 저절로 마음이 움직여서 작곡을 하지 않고서는 도저히 못 견딜 정도'라고 이야기했을 정도로 말이지요. 그는 괴테의 문장을 음악으로 구현하고자 애썼습니다. 〈6개의 노래, Op.75〉 중 세 곡은 괴테의 『파우스트』에서 가사를 차용한 작품이며, 〈에드문트 서곡〉 또한 괴테의 작품에서 영감을 받았지요.

괴테의 작품은 베토벤 외에도 다른 여러 음악가에게 깊은 영향을 주었습니다. 프란츠 슈베르트는 그의 시 52편에 곡을 붙여 가곡으로 발표했고, 펠릭스 멘델스존은 괴테의 지지와 신뢰를 받았지요. 로버트 슈만과 클라라 슈만, 프란츠 리스트, 리하르트 바그너에 이르기까지 많은 작곡가들이

     제5장. 폭발적! 혁신적! 고전주의 음악

괴테는 베토벤, 슈베르트, 멘델스존 등 여러 음악가에게 깊은 영감을 주었습니다

괴테의 작품에서 영감을 받습니다. 특히 리스트는 『파우스트』를 기반으로 한 〈파우스트 교향곡〉을 직접 지휘하며 초연하기도 했지요.

참고로 괴테는 생전에 모차르트를 한 차례 만난 적이 있습니다. 14세였던 괴테는 연주 여행 중이던 일곱 살의 모차르트를 만났고, 그때의 연주는 평생 그의 기억 속에 각인되었다고 하지요. 말년에 그는 '『파우스트』를 음악으로 완성할 수 있는 사람은 오직 모차르트뿐이었다'는 말을 남기기도 했습니다. 아쉽게도 모차르트가 세상을 떠난 뒤였기에, 그 꿈은 현실로 이어지지 못했지만요.

마지막으로 괴테가 남긴 문장을 하나 소개하며 이번 장을 마칠까 합니다. "음악을 완성하는 것은 시의 언어다."

고전주의 시대의 악보 출판하기

고전주의 시대 음악 발전을 이끈 여러 동력 가운데 하나는 '악보를 출판하는 출판사'였습니다. 17세기부터 유럽 대륙과 영국의 여러 도시에서는 악보 출판이 동시다발적으로 활발하게 이루어졌습니다. 당시 작곡가들에게 출판은 단순한 인쇄 행위를 넘어, 작품 계약금 수령은 물론 해당 작품이 여러 도시로 전파될 수 있는 가장 효과적인 방법이었습니다. 서양 음악사의 흐름을 종합적으로 살펴보면, 악보의 제작과 보급은 음악 장르 자체의 발전만큼이나 중요한 요소였습니다.

바로크 시대만 해도 작곡가는 주로 일정한 급여를 받으며 작품을 의뢰받아 작곡했지만, 고전주의에 이르러서는 작품 한 편 한 편을 출판사와의 계약을 통해 출판하고 그에 대한 수고료를 받는 방식으로 점차 바뀌어 갔습니다. 특히 작곡가와 출판사 모두에게 악보 출판을 통한 수익은 생계와 창작을 지속하는 필수 요소로 자리 잡았습니다.

당시 악보 출판사들은 대체로 세 가지 유형의 계약을 통해 작곡가들과 협업을 진행했습니다. 첫 번째는 출판권 일괄 양도 계약입니다. 예를 들어, 베토벤은 자신의 초기 작품의 출판권을 아르타리아 출판사에 일괄 판매했습니다. 이 경우 작곡가는 추가적인 수익을 기대할 수 없지만, 출판사는 잘 팔릴 경우 큰 이익을 거둘 수 있는 구조였습니다. 두 번째는 수익을 일정 비율로 나누는 수익 공유 계약 방식입니다. 낭만주의 시대로 접어들며 브라이트코프 운트 헤르텔Breitkopf & Härtel과 같은 출판사들이 이 방식을 적용하기 시작했고, 이러한 계약 구조는 오늘날까지 이어지고 있습니다. 세 번째는 독점 출판 계약입니다. 작곡가는 계약금 협상에서 유리한 위치를 차지할 수 있지만, 반대로 출판사 간 과열 경쟁을 유발하는 요인이 되기도 했지요.

한편, 고전주의 시대에는 음악 저작권에 대한 개념이 아직 법적으로 체계화되어 있지 않았습니다. 1777년 영국에서 처음으로 음악 작품의 저작권이 악보에 명시되었고, 1793년에는 프랑스에서 자국 작곡가의 작품에 한 해 악보 저작권을 보호하기 시작했습니다. 그러나 외국 작곡가의 작품은 보호받지 못했고, 독일 또한 각 주별로 상이한 법률 체계를 갖고 있었기 때문에 국제적으로는 저작권 개념이 매우 불완전한 상황이었습니다.

이로 인해 유명 작곡가들은 종종 악보 계약서에 해적판 방지를 위한 조항을 삽입하기도 했습니다. 물론 이러한 조항이 실제로 얼마나 효과적으로 적용되었는지는 알 수 없지만, 저작권에 대한 인식이 점차 생겨났고, 훗날 저작권 제도의 발전으로 이어지는 밑바탕이 되었다는 점은 분명합니다. 현실적으로는 하나의 작품을 여러 나라에서 동시에 출판하는 것이 해적판 유통을 막는 가장 현실적인 대응책이었습니다.

그렇다면, 그 시절 '해적판'을 만든 사람들은 누구였을까요? 무엇보다 먼저 악보를 읽고 쓸 수 있고, 상품 가치가 있는 깔끔한 악보를 필사할 수 있는 사람이어야 했습니다. 실제로 해적판을 제작하던 이들 중 상당수는 정식 출판 이전에 작곡가의 원본 악보를 필사하던 전문 필사가들이었습니다. 이들은 종종 작곡가나 출판사의 정식 출판보다 앞서 해적판을 만들어 유통했으며, 때로는 이를 원작보다 먼저 시장에 내놓기도 했습니다. 모차르트는 이러한 상황을 우려해 자신의 집에 직접 필사가를 불러 작업하도록 했다는 기록도 전해집니다.

출판사들은 악보의 독점적 판매를 통해 수익을 창출하려 했습니다. 그만큼 경쟁도 치열했지요. 당시의 출판사들은

     제5장. 폭발적! 혁신적! 고전주의 음악

유망한 작곡가를 선점하기 위해 적극적인 영업 활동을 벌였고, 작곡가들 또한 어떤 출판사와 계약할 것인지를 두고 고민해야 했습니다. 당시 작곡가들과 출판사 사이에 오고 간 편지들만 보더라도, 음악 산업의 핵심을 이루던 출판 구조의 일면을 엿볼 수 있지요. 예를 들어, 모차르트는 다음과 같은 내용의 항의 편지를 아르타리아 출판사에 보낸 바 있습니다.

“나는 당신들이 내 작품을 정확하게 출판하기를 바랍니다. 오류가 발생하면 그것은 곧 내 명성을 훼손하는 것입니다. 다음에는 좀 더 신중을 기해 주기를 바랍니다.”

_1782년, 〈바이올린 소나타 K.296〉 출판과 관련하여

작곡가로서 자존심이 강했던 모차르트는 출판사의 실수로 자신의 작품이 왜곡되었다고 느꼈을 때 강한 불쾌감을 표현했습니다. 특히 아르타리아 출판사와는 주요 작품들을 함께 출판한 오랜 관계였기에, 더욱 실망스러웠을 것입니다. 참고로 아르타리아는 본래 지도와 미술 도판을 제작하던 출판사였으나, 하이든의 작품 300여 곡을 출판하며 악보 시장에 본격적으로 진출했습니다. 이후 모차르트, 베토벤 등과도 협업했지요.

그 시절 모든 악보 출판사가 가장 원했던 계약 대상은

단연 루트비히 판 베토벤이었습니다. 그는 자신이 가진 권리를 적극적으로 활용했으며, 다양한 출판사와의 협상 과정에서 매우 주도적인 태도를 보였습니다. 1805년, 베토벤은 브라이트코프 운트 헤르텔과 클레멘티 출판사 양쪽과 편지를 주고받으며 복수의 출판 경로를 조율하고 있었습니다.

무치오 클레멘티는 이탈리아 출신의 작곡가이자 피아니스트, 출판사 대표였습니다. 영국으로 귀화한 뒤 출판업자 겸 피아노 제작자, 수출업자로 활동했으며 베토벤의 작품을 영국에 소개하는 데에도 큰 역할을 했지요. 그가 1807년 브라이트코프 운트 헤르텔에 보낸 편지에는 다음과 같은 내용이 담겨 있습니다.

"베토벤과 저는 결국 좋은 친구가 되었습니다. 영국에서 베토벤의 교향곡, 협주곡, 사중주 등의 출판권을 제가 맡게 되었습니다. 전쟁으로 인한 우편 사정 때문에 시간이 좀 더 필요하겠지만, 독일 내 출판은 브라이트코프 운트 헤르텔과 협의해달라고 부탁했습니다."

_1807년 4월 22일, '무치오 클레멘티의 편지' 중

이 시기 유럽은 제5차 대프랑스 동맹 전쟁 중이었고, 프랑스와 영국 사이의 대립이 격화되던 상황이었습니다. 하지

     제5장. 폭발적! 혁신적! 고전주의 음악

만 전쟁의 위협 속에서도 베토벤의 작품은 영국에서 꾸준히 출판되었으며, 특히 피아노 소나타와 교향곡 피아노 편곡본, 실내악 편곡본 등이 큰 인기를 끌었지요. 이는 당시 음악 출판사가 단순한 악보 인쇄소가 아닌 음악 유통의 핵심 역할을 했음을 잘 보여주는 사례입니다.

참고로 고전주의 시대에 설립된 몇몇 출판사들은 여전히 그 명맥을 유지하고 있습니다. 1719년에 창립된 브라이트코프 운트 헤르텔은 세계에서 가장 오래된 음악 출판사로 남아 있고, 1800년 설립된 C. F. 페터스도 현재 와이즈 뮤직 그룹 산하에서 운영되고 있지요. 짐로크Simrock, 듀랑Durand, 리코르디Ricordi, 노벨로 앤 코Novello&Co. 등도 여전히 중요한 출판사로 역할을 이어가고 있습니다.

공공 음악회의 등장 18세기 음악회의 풍경들

18세기 유럽에서 음악회에 초대받는 일은 주로 왕족이나 귀족 등 특정 계층에게만 허락된 특권이었습니다. 오늘날처럼 예매 사이트에서 원하는 공연을 자유롭게 고를 수 있던 시절은 아니었지요. 그러나 산업화의 진전과 사회 전반의 의미 있는 변화들이 축적되며 음악회의 양상도 점차 바뀌기 시작했습니다. 이 가운데 가장 주목할 만한 변화는 바로 '공공 음악회Public Concert'의 등장입니다.

기존의 음악회가 왕실이나 귀족의 저택에서 제한된 인원만 초대받아 고용된 음악가의 연주를 감상하는 형식이었다면, 이제는 음악회를 열 수 있는 자격을 갖춘 누구나 연주회를 기획하고 입장료를 지불하면 누구든 관람할 수 있는 '열린 음악회'의 시대가 도래한 것입니다. 말하자면 음악회가 사적인 사교 모임에서 대중을 위한 공개적 행사로 전환된 것이지요.

흥미로운 점은 당시 영국이 예술적 발전 면에서 대륙에 비해 다소 뒤처졌다는 인식이 있었음에도 공공 음악회의 기원지가 되었단 사실입니다. 이 배경에는 왕권을 견제하고 의회를 중심으로 정치적 균형을 도모하던 영국 사회의 흐름이 영향을 주었을 것으로 보입니다. 열린 음악회는 소수 특권층이 아닌 다수 시민을 위한 문화적 시도였기 때문이지요.

공공 음악회는 단순히 음악을 감상하는 자리에 그치지 않았습니다. 당시의 음악회는 음악을 중심으로 한 사교 모임이기도 했습니다. 음악이 흐르는 공연장에서 다양한 사람들이 모여 이야기를 나누고, 때로는 다른 목적의 만남까지 이뤄지는 일종의 '열린 공간'이었던 셈이지요. 이로 인해 점차 전용 음악회장이 필요하게 되었고, 이는 오늘날의 공연장 형

　　　　　　　　　제5장. 폭발적! 혁신적! 고전주의 음악

태가 갖춰지는 계기가 되었습니다.

고전주의 시대 음악회가 지닌 큰 특징 중 하나는 바로 '프로그램의 구성'이었습니다. 당대 음악회는 다양한 형식의 음악을 한자리에서 선보이는 종합 프로그램이 일반적이었습니다. 이를테면 성악 독창으로 시작해 실내악, 기악 독주, 합창, 오케스트라 연주까지 다양한 구성의 무대가 연달아 이어졌고요. 청중들은 비교적 자유로운 분위기 속에서 음악을 즐기고, 대화를 나누며, 때로는 음식을 곁들이는 등 사교적 여유를 누렸지요.

현재까지 확인되는 가장 이른 시기의 유료 음악회는 1672년 12월 30일 영국 런던 화이트프라이어스에서 열린 존 배니스터의 연주회입니다. 영국의 작곡가이자 바이올리니스트였던 그는 자신의 집에서 음악회를 열었습니다. 〈더 런던 가제트〉에 실린 광고에 따르면 입장료는 1실링이었는데요. 이는 노동자의 이틀 치 임금이었고, 1쿼터의 맥주 한 잔을 살 수 있는 가격이었습니다. 한 마디로 아무나 갈 수 없는 공연이었던 거지요. 하지만 이는 공공 음악회의 시초로서 분명 의미 있는 시도였습니다. 음악회는 그가 사망한 1679년까지 지속되었고, 이를 기점으로 유럽 사회 전반에서 '누구나 올 수 있는 음악회'에 대한 인식이 서서히 확산되기 시작했습니다.

이후 유럽 대륙에서 열린 공공 음악회 중 가장 주목받은 사례는 프랑스의 콩세르 스피리튀엘Le Concert Spirituel입니다. 이 연주회는 왕의 음악 도서관 필사자이자 오보에 연주자였던 앙 다니캉 필리도르가 기획한 시리즈 음악회로, 1725년 3월 18일 튈르리 궁전의 '스위스 근위병 홀'에서 첫 무대를 올렸습니다. 이후 프랑스 혁명이 발발하기 전까지 약 66년간 이어졌으며, 연간 평균 20회의 정기 공연이 열렸지요.

콩세르 스피리튀엘은 시리즈 공연의 원형을 만들었다고 할 수 있을 정도로 영향력이 컸습니다. 부유한 부르주아 계층과 하급 귀족, 외국인 방문객 등이 주요 청중이었으며, 입장료는 30솔로 노동자 하루 임금 수준이었지요. 무대에는 성가 합창곡, 기악곡, 오케스트라 작품 등 다양한 형식의 프로그램이 선보여졌습니다. 음악 감독의 기획에 따라 매 시즌 다양한 프로그램이 구성되었고, 이는 오늘날 음악회 기획 방식의 시초로 볼 수 있지요. 귀족의 전유물이었던 음악회를 대중에게 개방한 이 행사는 당대 음악회 문화를 획기적으로 확장 시킨 사례로 손꼽힙니다.

이 공연을 빛낸 인물로는 성악가 출신의 음악 감독 조제프 르그로가 있습니다. 그는 기존의 프랑스 작곡가들이 음악 작품만을 연주하던 형식에서 벗어나, 유럽 각국의 유수 작곡가와 연주자들의 작품을 과감히 무대에 올렸습니다. 요한 크

1725년부터 프랑스 혁명 전까지 이어진 궁정 음악회.
1754년 연주회 포스터입니다

리스티안 바흐, 요제프 하이든, 볼프강 아마데우스 모차르트 등 고전주의 시대를 빛낸 작곡가들의 음악이 파리 무대에 올랐고, 특히 하이든의 모든 교향곡이 이 연주회를 통해 프랑스 청중에게 소개되었습니다. 르그로는 당대 최고의 명성을 떨치던 모차르트에게도 음악회를 위한 작품을 의뢰했습니다. 이렇게 탄생한 작품이 바로 〈교향곡 31번, D장조, K297〉 '파리'이지요.

1828년 프랑스 음악원 연주협회는 이 전통을 계승해 콩세르 스피리튀엘 시리즈를 재개했고, 한 세기동안 명맥을 이어갔습니다. 그리고 2025년에는 300주년을 기념하는 음악회가 영국 옥스퍼드의 셀도니언 극장에서 열렸습니다. 이 특별한 무대는 단순한 과거의 재현을 넘어, 서양 음악사의 흐름 속에서 고전주의 음악이 대중에게 어떻게 전파되었는지를 되돌아보는 의미 깊은 시간이 되었지요.

공공 음악회는 오늘날 우리가 누리는 연주 문화의 기초를 마련한 제도였습니다. 청중의 범위를 넓히고, 음악 감상의 장르를 다채롭게 확장하며, 더 많은 이들이 음악을 향유할 수 있도록 만든 이 흐름은 고전주의 시대가 남긴 가장 소중한 유산 중 하나입니다.

　　　　　　　제5장. 폭발적! 혁신적! 고전주의 음악

하이든과 베토벤에 얽힌 괴이한 이야기

'베토벤의 머리카락으로 사망 원인을 밝혔다', '진짜 베토벤의 머리카락일 확률이 매우 높은 샘플로 청력 이상과 사망 원인을 밝혀냈다' 등등. 베토벤과 그의 머리카락을 둘러싼 연구 결과는 몇 년에 한 번씩 꾸준히 발표되었습니다. 미국, 영국, 독일 등 여러 나라의 연구소에서 내놓은 전문적인 분석과 학술적 발표는 전 세계 베토벤 애호가들의 주목을 받기에 충분했지요.

그리고 마침내, 그의 고향인 독일 본에 위치한 베토벤 하우스는 지난 2023년 3월 '베토벤 게놈 프로젝트'의 연구 결과를 공식 발표하며 긴 논쟁의 종지부를 찍었습니다. 이 연구에는 베토벤 하우스를 비롯해 영국 케임브리지 대학교, 미국 산호세 베토벤 센터, 미국 베토벤 협회, 루벤 대학교, 패밀리트리 DNA, 본 대학교 병원, 막스 플랑크 진화인류학연구소 등이 함께 참여했는데요. 분석 결과에 따르면 베토벤의 몸에는 납, 비소, 수은 등 중금속 수치가 상당히 높았고, 이러한 중금속 노출이 청력 손실과 건강 이상으로 이어졌을 가능성이 컸습니다.

그런데 여기서 한 가지 짚고 넘어가야 할 점이 있습니다. 바로 '도대체 베토벤의 머리카락은 어디에서 어떻게 구했을까?' 하는 의문이지요. 관련 자료와 기사들을 찾아보던 필자는 고전주의 시대 유럽에서 유행했던 다소 기묘한 풍습 하나를 알게 되었습니다. 바로 '유명인의 머리카락을 기념품처럼 보관하는 문화'였지요. 심지어 그 사람이 생전에 살아 있을 때는 물론이고, 사후에도 머리카락을 잘라 소장하는 일이 자연스럽게 이뤄졌던 거예요. 특히 베토벤처럼 당대에 큰 존경을 받았던 인물의 머리카락이라면 더욱 귀중한 기념품으로 여겨졌습니다.

베토벤 굿즈 = 머리카락?

오스트리아의 작곡가이자 피아노 교사로 활동했던 안톤 할름은 1826년 악보 출판사 아르타리아를 위해 베토벤의 〈대푸가, Op.133〉을 네 손을 위한 피아노 버전으로 편곡했습니다. 그러나 그의 편곡을 마음에 들어 하지 않았던 베토벤은 이를 거절했고, 결국 본인이 직접 편곡을 진행하게 되었지요. 하지만 이 일을 계기로 할름은 베토벤과 자주 마주하게 되었습니다. 그리고 당시 최고의 음악가였던 베토벤의 머리카락을 아내를 위한 선물로 주고 싶다는 생각을 품게 되었지요. 앞서 살펴보았듯, 이 시기에는 유명 인사의 머리카락을 기념품이나 행운의 상징처럼 여겨 소장하는 문화가 있었으니까요.

하지만 그는 직접 베토벤에게 머리카락을 잘라 달라고 요청할 용기가 없었습니다. 대신 그는 베토벤의 지인이었던 칼 홀츠에게 이를 부탁했고, 며칠 뒤 홀츠는 베토벤의 머리카락이라며 작은 뭉치를 보내주었지요. 그러나 할름 역시 그것이 진짜가 아닐 것이라고 짐작하고 있었던 듯합니다. 이후 편곡 작업을 위해 베토벤을 다시 만났을 때, 그는 홀츠에게 받은 머리카락을 보여주었는데요. 이 사정을 알게 된 베토벤은 크게 분노하며 이렇게 말했습니다.

"이 머리카락 뭉치 때문에 속으셨군요! 내가 얼마나 끔찍한 괴물들 사이에 둘러싸여 있는지 보세요. 존경받는 이들과 함께 있어야 할 자리에, 부끄러운 자들이 끼어 있는 겁니다. 당신은 염소 털을 받으셨군요."

곧이어 베토벤은 직접 자신의 머리카락을 잘라 할름에게 건넸습니다. 그 후 후손들이 오랜 시간 간직해온 이 머리카락은 훗날 소더비 경매를 통해 한화 약 2천만 원에서 3천만 원 사이의 예상 낙찰가로 다시 세상에 등장하게 되었습니다.

당시 이런 일이 비단 한두 번에 그쳤을 리는 없습니다.

1827년 베토벤 장례식에 조문객들이 머리카락을 잘라 간직했습니다.
사진은 그날 잘린 일부입니다 ⓒSothebys

특히 오늘날까지 베토벤의 머리카락이 지속적으로 등장하게 된 데에는 한 가지 결정적인 사건이 있었습니다. 바로 그가 세상을 떠난 뒤 장례식이 열리기까지의 사흘간의 시간이지요. 베토벤은 1827년 3월 26일 오후 6시에 눈을 감았고, 장례식은 29일 오전에 거행되었습니다. 그 사흘간 수많은 조문객이 그의 집을 찾았는데요. 그 중 한 명이었던 게르하르트 폰 브로이닝은 '베토벤의 머리카락을 낯선 사람들이 많이 잘라갔다'는 기록을 남겼습니다. 위대한 음악가의 흔적을 소장하려 했던 이들부터 진심으로 그를 애도하던 이들까지, 많은 이들이 조금씩 그의 머리카락을 가져갔는데요. 그렇게 남겨진 머리카락은 오늘날 그의 생애와 사망 원인을 밝히는 과학적 단서로 남아 있게 되었지요.

 　　　　　제5장. 폭발적! 혁신적! 고전주의 음악

이 외에도 하이든, 모차르트, 쇼팽, 슈만, 브람스 등의 머리카락도 실제로 소더비 경매에 출품되었던 기록이 남아 있습니다. 이처럼 당대 유명 작곡가들의 머리카락은 저마다의 사연을 지닌 채 작곡가의 머리를 떠난 뒤에도 오랜 시간 역사의 한 장면을 살아온 셈입니다.

흥미로운 점은 요하네스 브람스를 마지막으로, 이후의 유명 음악가들의 머리카락이 경매에 등장했다는 기록은 거의 찾아보기 어렵다는 사실입니다. 이를 통해 유추해볼 수 있는 사실은 아마도 20세기에 접어들며 유명 인사의 머리카락을 소장하려는 유럽인의 정서가 점차 사라졌다는 것이겠지요.

18세기의 MBTI, 골상학

1809년 5월 31일 오전 12시경, 요제프 하이든이 세상을 떠났습니다. 그는 말년에 약 6년간 작곡을 할 수 없을 정도로 병세가 깊었는데요. 허약함과 현기증, 집중력 저하, 고통스럽게 부어오른 다리로 큰 고통을 겪었습니다. 그의 장례식에서는 생전에 하이든이 특히 좋아했던 후배 음악가 볼프강 아마데우스 모차르트의 〈레퀴엠〉이 연주되었지요. 참고로 그가 안장된 빈의 훈트슈투르머 묘지는 오늘날 '하이든 공원'이라는 이름으로 불리고 있지요.

끝난 줄로만 알았던 하이든의 이야기는 1820년에 예상치 못한 전개로 다시 이어집니다. 그가 평생 근무했던 에스테르하치 가문이 예우의 뜻을 담아 그의 묘를 자신들의 영내 묘지로 이장하려 했던 것이지요. 하지만 이장을 위해 기존의 묘소를 정리하던 중, 놀라운 사실이 발견됩니다. 바로 시신의 두개골이 사라진 것이지요. 머리 부분이 잘린 채 발견된 시신에 하이든의 후손들은 충격과 분노를 감추지 못했고, 이 사건은 당시 사회적으로도 큰 이슈가 되었습니다. 도대체 어떻게 이런 일이 벌어진 걸까요?

고전주의 시대를 대표하는 위대한 작곡가였던 하이든은 생전에도 많은 존경을 받았는데요. 그런 그에게 광적인 집착을 보였던 이들이 있었습니다. 당시 일부 사람들 사이에서 유행하던 '골상학'에 집착한 이들은 하이든의 두개골을 연구의 표본으로 삼기 위해 무덤까지 파헤친 것이었습니다. 그 누가 상상이나 할 수 있었을까요? 존경받던 음악가의 유해가 머리만 잘려 나간 채 발견될 거라고 말이지요. 만약 하이든이 에스테르하치 가문의 묘역으로 이장되지 않았더라면, 이 사건은 끝내 밝혀지지 않았을 수도 있었을 겁니다.

참고로 골상학은 뇌의 구조와 두개골의 생김새를 통해

     제5장. 폭발적! 혁신적! 고전주의 음악

사람의 성격이나 재능, 심지어 성향까지 파악할 수 있다는 비과학적인 이론입니다. 이를 현대식으로 표현하자면, 18세기의 MBTI쯤 된다고 할 수 있을 텐데요. 고대 그리스의 히포크라테스가 뇌가 인간의 모든 활동을 주관한다는 개념을 제시한 이후, 이 생각은 여러 사상가와 학자들에 의해 점차 발전해왔습니다. 1775년에는 스위스의 목사 요한 카스파 라바터가 뇌의 생김새가 개인의 성격과 관련 있다는 개념을 도입했고요. 이후 1796년 독일의 의사 요제프 갈이 본격적으로 뇌 기관학 이론을 정리하며 두개골의 형태를 통해 인간의 성격을 분석하려는 시도를 강연으로 전개해 나갔습니다.

145년 만에 다시 열린 장례식

그렇다면 이러한 일을 벌인 사람들은 대체 누구였을까요? 역사에 길이 남을 이 파렴치한 범죄의 주인공은 생전에 하이든과 가까이 지냈던 칼 로젠바움, 그리고 당시 빈의 형무소장이었던 요한 페터였습니다. 이들은 사건이 알려진 직후, 모든 죄를 인정하며 에스테르하치 가문 측에 하이든의 두개골을 반환하겠다고 나섰습니다. 하지만 이마저 또 하나의 사기로 이어졌습니다. 진짜가 아닌 다른 사람의 두개골을 하이든의 것이라 속여 보냈던 것이지요. 오늘날이라면 유전자 검사를 통해 쉽게 확인할 수 있었겠지만, 당시에는 그럴 방법이 없었습니다. 그렇게 이 사건은 다시금 어둠 속에 묻힐 뻔했지요.

이후 하이든의 두개골은 범인들이 세상을 떠날 때까지 개인적으로 보관되었습니다. 그리고 요한 페터가 세상을 떠난 뒤, 그의 아내가 이를 의사인 칼 할러 박사에게 넘겼고, 다시 빈의 저명한 병리학자 로키탄스키 박사의 손에 들어가게 되었지요. 이렇게 긴 세월 동안 범인의 가족과 주변 지인 등을 정처 없이 떠돌던 하이든의 두개골은 마침내 제자리를 찾았습니다. 로키탄스키 박사의 자녀들이 두개골이 돌아가야 할 곳이 어디인지 깨닫고, 빈 음악협회를 찾아가 이를 기증한 것이지요. 오스트리아 정부와 에스테르하치 가문, 하이든의 후손들까지 협의에 나섰습니다. 그리고 최종적으로 이를 그의 시신 곁에 다시 안치하기로 합의했지요.

그러나 한동안 제1차, 제2차 세계대전과 복원 작업 등이 이어지면서 하이든의 정식 장례식은 한참을 더 기다려야 했습니다. 결국 1954년에 이르러서야 그를 위한 진정한 장례식이 거행되었지요. 이 장례식은 오스트리아 전역의 주목을 받았습니다. 당시 오스트리아의 대통령도 직접 참석했고, 무려 100대의 자동차 행렬이 두개골을 호위하며 장지로 향했습니

 제5장. 폭발적! 혁신적! 고전주의 음악

요제프 하이든의 두개골은 사후 도난당했다가 145년 만에 돌아와,
두 번째 장례 끝에 영면했습니다

다. 누구도 다시는 하이든의 유해를 훼손하지 못하도록 말이
지요.

오늘날 하이든은 오스트리아 아이젠슈타트에 있는 하
이든 교회의 지하 묘소에 안치되어 있습니다. 그렇게 세상을
떠난 지 무려 145년 만에, 하이든은 자신의 몸과 머리를 모
두 되찾아 영원한 안식에 들게 되었습니다. 생전 평범하고
따뜻한 삶을 추구하며, 주변 사람들에게 늘 온정을 나누던
그의 삶은 이처럼 긴 여정 끝에 마무리되었습니다. 끝으로,
재치와 유머를 엿볼 수 있는 하이든의 묘비명을 소개합니다.
"나는 완전히 사라지지 않는다."

제6장

낭만주의
음악

신과 왕의 뜻 안에서 예술적 상상력을 펼쳐야 했던 시기를 우리는 '고전주의'라고 부릅니다. 이 시기의 예술은 질서와 균형, 조화를 중시했고, 예술가들은 개인의 내면보다는 보편적 이상과 규범을 추구하며 작업을 이어갔지요. 그러나 시간이 흐르며 점차 변화의 조짐이 나타났습니다. 예술가들이 자신만의 감성, 내면의 목소리, 그리고 삶의 경험을 작품 속에 담아내고자 하는 열망을 키워가기 시작한 것이지요. 바로 이러한 흐름 속에서 탄생한 것이 '낭만주의'입니다. 낭만주의는 더 이상 외부의 권위나 규율에 얽매이지 않고, 한 인간의 내면, 고유한 감정, 상상력, 그리고 자유를 가장 중요한 가치로 삼았습니다.

낭만주의 시대는 단순한 음악의 양식 변화에 머무르지 않고, 예술을 향한 인식 자체를 바꿔놓은 전환점이기도 했습니다. 주목할 점은 이 시기에 나타난 여러 변화가 훗날 우리가 '클래식 음악'이라 부르게 되는 다양한 작품 형식들의 기반을 다지고, 그 틀을 완성해 나가는 데 큰 역할을 했다는 사실입니다. 낭만주의는 단순히 정서를 표현한 시대가 아니라, 음악 형식과 표현력 양면에서 '예술의 지형'을 재편한 시기였던 셈이지요.

그리고 그 모든 변화의 중심에는 '마음'이라는 키워드가 있었습니다. 개개인의 정서, 감정, 고뇌, 기쁨, 갈등 같은 내면의 움직임이 음악을 통해 표현되기 시작했습니다. 음악은 이제 신과 왕의 언어가 아니라, 사람의 목소리가 되었고, 이전보다 훨씬 더 많은 이들이 예술을 향유하며 주체로 참여할 수 있게 되었습니다. 가곡, 교향곡, 피아노곡 등 다양한 장르를 배우고 연주하던 이들은 그 어느 시대보다도 자유롭게 예술을 즐기고 자신의 감정을 담아낼 수 있었고, 이는 예술의 중심축이 점차 궁정과 성당에서 대중의 삶과 감성으로 이동하고 있었음을 보여주는 분명한 징후였습니다.

이러한 감성과 사유의 확장은 곧 장르의 발전으로도 이어졌습니다. 낭만주의 시대 가곡의 인기가 급격히 높아지면서, 가곡은 단순한 노래의 형태를 넘어서 예술적 완성도를 지닌 장르로서 크게 발전하게 됩니다. 그리고 이 가곡과 짝을 이루는 악기가 바로 피아노였습니다. 가창자가 감정을 표현할 수 있도록 섬세하게 반주하는 피아노는 하나의 독립된 예술적 존재로 자리 잡게 되었습니다. 이에 따라 피아노 연주의 수요도 급속히 증가했고, 이는 곧 피아노 제작 산업의 활성화로 이어졌지요.

특히 영국 런던의 피아노 제작 공장들은 이 시기 가장 활발하게 성장한 산업 중 하나로 떠올랐습니다. 수천 명의 노동자가 피아노 제작에 투입될 정도였고, 이는 산업혁명의 기술력과 낭만주의의 감성이 만난 대표적인 사례로 평가되기도 합니다. 프랑스 또한 이러한 흐름에 뒤처지지 않기 위해 국가 차원의 전략을 펼쳤습니다. 영국에서 수입되는 피아노에 높은 관세를 부과하고, 자국의 피아노 제작 기술과 디자인을 발전시키는 데 힘을 쏟은 것입니다. 이처럼 피아노라는 악기를 둘러싼 문화적·산업적 배경까지 살펴보면, 낭만주의는 단지 음악 양식의 변화가 아니라 사회 전반에 깊은 영향을 미친 커다란 흐름이었다는 것을 알 수 있습니다.

결국 낭만주의는 한 시대의 예술 양식이자, 인간의 마음과 감정이 예술의 중심으로 부상한 결정적인 시기였습니다. 감성을 표현하는 방식의 확장, 예술 향유의 주체 변화, 악기의 진화와 산업의 성장까지 모든 것이 어우러져 낭만주의 시대의 풍경을 이루고 있었던 것입니다.

낭만주의 4인방:
슈베르트, 슈만, 쇼팽, 브람스

프란츠 슈베르트, 로베르트 슈만, 프레데리크 쇼팽, 요하네스 브람스는 낭만주의 시대를 대표하는 음악가입니다. 이들의 삶과 작품을 통해 우리는 이 시기가 단지 음악 양식의 변화만이 아니라, 예술의 감성과 깊이를 얼마나 넓히고 확장시켰는지 생생하게 확인할 수 있지요. 이들 음악가의 작품에는 단순한 멜로디와 화성 이상의 무언가, 즉 한 인간의 삶 전체가 깃들어 있습니다. 이번 장에서는 이들의 삶과 업적을 함께 살펴봄으로써 그들의 사랑과 슬픔, 고독과 희망, 시대에 대한 응답을 확인하는 시간을 가져보도록 하겠습니다.

가곡의 성장, 그리고 슈베르트

18세기 후반 독일에서 출간된 독일어 가곡집은 19세기 초반에 이르러 한 달에 100여 권 이상 팔릴 정도로 큰 인기를 끌었습니다. 당시 유럽에서 가곡은 새롭게 유행하는 장르였어요. 이러한 흐름은 동시대 시민들과 중산층 사이에서 유행하던 시의 영향이 컸습니다. 시의 구절에 아름다운 선율을 붙여 부르는 가곡이 시 문학의 발달과 함께 더욱 풍성해질 수 있었기 때문이지요. 특히 이 시기에는 이야기의 기승전결이 담긴 연작 형태의 시를 가곡으로 작곡하는 경향도 나타났습니다. 그 시작을 베토벤이 1816년에 작곡한 〈멀리 있는 연인에게〉에서 확인할 수 있는데요. 후대 음악가인 로베르트 슈만도 이 곡을 무척이나 좋아했습니다. 심지어 그는 자신의 작품인 〈환상곡 다장조〉와 〈현악 사중주 2번〉에도 이 곡의 주제를 인용할 만큼 깊은 애정을 드러냈지요.

이후 본격적인 낭만주의 시대에 접어들며 프란츠 슈베르트가 가곡의 눈부신 역사를 써 내려가기 시작했습니다. 그의 대표작인 〈겨울 나그네〉, 〈송어〉, 〈보리수〉 등은 오늘날에도 많은 사람들에게 널리 사랑받고 있지요. 시인의 언어에 슈베르트의 선율이 더해졌으니, 당시 청중들이 그의 음악에 매료되는 것은 어쩌면 당연한 일이었을 것입니다. 슈베르트의 가곡집은 불티나게 팔려나갔고, 그의 음악은 후배 음악가들에게 깊은 감동과 영감을 주었습니다. 말 그대로 슈베르트의 가곡은 낭만주의 시대의 이야기를 대표하는 상징이라 해도 과언이 아니지요.

 　　　　　　　　　　　　　　　제6장. 낭만주의 음악

슈베르트는 어린 시절부터 남다른 음악적 재능을 보였습니다. 1808년에는 황실 소년합창단 장학생으로 신학원에 입학해 피아노, 성악, 바이올린, 오르간, 작곡 등을 두루 배웠고, 이때부터 본격적으로 음악가의 꿈을 키워갔습니다. 그러나 아버지는 그가 교사가 되기를 원했어요. 음악가의 삶이 너무나도 불안정했기 때문이지요. 한동안 그는 아버지의 뜻에 따라 부교사로 일하기도 했습니다. 하지만 작곡에 대한 열정을 놓지 않았고, 주변의 친구들 역시 그의 음악을 사랑했습니다. 친구들과 함께한 살롱 모임은 '슈베르티아데'라 불렸고, 슈베르트는 이 모임에서 자유롭게 자신의 음악을 들려주곤 했습니다. 시간이 흐르며 모임에는 소문을 듣고 외부에서 찾아오는 이들까지 생겨났습니다. 참고로 오늘날에도 슈베르트의 음악을 사랑하는 모임을 '슈베르티아데'라 부르지요.

1818년, 그는 다양한 작품을 모아 악보집을 출판하면서 자신의 음악 세계를 본격적으로 세상에 알렸습니다. 악보집은 큰 인기를 끌었고, 슈베르트는 이때부터 교사 일을 그만두고 전업 음악가로서의 삶을 시작합니다. 그는 궁정 부악장 자리를 얻기 위해 프란츠 2세에게 직접 편지를 보내는 등 적극적인 태도를 보였고, 실제로도 독일과 오스트리아를 넘어 유럽 전역에 이름을 알리는 작곡가로 활동했습니다.

그는 모차르트와 베토벤을 깊이 존경했고, 그에 관한 이야기도 여러 편지 속에 등장합니다. 이와 관련해 하나의 일화가 전해지는데요. 베토벤이 위독하다는 소식을 들은 슈베르트가 그를 찾아갔고, 베토벤이 그의 악보를 살펴보며 "진작 만났더라면 좋았겠다"는 말과 함께 "진정한 천재성의 불꽃이 깃든 작품"이라며 칭찬을 아끼지 않았다고 하지요. 참고로 이 이야기는 공식적인 기록으로 확인되지는 않는데요. 당시 슈베르트 악보의 판매와 인지도를 높이기 위해 출판사에서 퍼뜨린 일종의 마케팅이 아니었을까 하는 추측도 가능합니다.

하지만 확실한 것은, 슈베르트가 베토벤의 장례식에서 횃불을 들고 행진한 38인 중 한 명이었다는 점입니다. 그는 생전에 베토벤 옆에 묻히고 싶다는 바람을 여러 차례 밝혔고요. 그 바람은 현실이 되었습니다. 베토벤이 먼저 잠든 빈의 뵈링거 묘지에 슈베르트도 함께 안장되었고, 이후 빈 중앙묘지로 이장되며 지금까지도 나란히 영면에 들어 있습니다.

안타깝게도 그는 31세의 젊은 나이에 세상을 떠났습니다. 짧은 삶를 살았음에도 불구하고, 그는 690여 편의 가곡을 만들었습니다. 그만큼 가곡에 대한 열정과 애정이 깊은 작곡가였기에 '가곡의 왕'이라는 별칭이 붙기도 했지요. 게다가 그는 가곡 외에도 600여 편의 노래와 200여 편 이상의

　　　　　　　　　　　　제6장. 낭만주의 음악

690여 곡을 남긴 '가곡의 왕' 슈베르트는 친구들과의 모임 '슈베르티아데'를 통해 음악을 나눴습니다. (좌측이 아벨의 슈베르트, 우측이 슈빈트의 슈베르티아데)

합창곡, 9편의 교향곡, 현악 사중주와 피아노 독주곡 등 다양한 장르의 작품도 남겼습니다. 이야기가 흐르는 가곡부터 당시 사회의 요구에 따라 탄생한 실내악 작품, 신과 왕을 위한 장대한 곡들까지. 짧은 생애 동안 한 시대를 음악으로 물들였던 슈베르트의 음악을 들으며, 19세기 빈에서 누구보다 바쁘게 살아갔던 그의 삶을 떠올려보시기 바랍니다.

언제나 낭만적으로, 슈만

출판사 집안의 막내아들로 태어난 로베르트 슈만은 어릴 적부터 책과 가까운 환경에서 자랐습니다. 그는 어린 시절을 회상하며, 하루 종일 책을 읽고 글을 쓰며 시간을 보냈다고 이야기합니다. 당시 슈만의 집안은 출판 사업은 물론, 서점과 도서관까지 함께 운영하고 있었기 때문에 책을 좋아하는 아이가 글을 쓰며 놀기에 더없이 좋은 환경이었지요. 슈만의 가족이 운영하던 출판사에서는 당시로서 획기적인 아이디어였던 여행용 포켓북 시리즈를 20권 가까이 출간하기도 했습니다.

이러한 환경 속에서 자란 그는 훗날 작곡가이자 음악 평론가로 독일 낭만주의 시대를 살아가게 됩니다. 다양한 작품을 작곡했을 뿐 아니라, 1835년에는 직접 음악 잡지인 「음악신보Neue Zeitschrift für Musik」를 창간하기도 했지요. 이 잡지는 문학과 예술, 음악 전반에 걸쳐 다양한 글을 담으며 꾸준한 인기를 얻었고, 소개된 음악가나 작품은 곧바로 화제가 될 정도로 영향력이 있었습니다. 실제로 이 잡지는 당시 유럽 음악계의 흐름을 이끌어가는 활기찬 매체로 자리매김했지요.

슈만도 이 잡지에 꾸준히 기고하며 자신의 음악적 견해

를 표현했습니다. 참고로 '모자를 벗어라, 천재가 나타났다'
는 유명한 말도 그가 쇼팽에 대해 쓴 글에서 나온 문장이지
요. 그는 자신의 글로 젊은 음악가의 재능을 발굴하기도 했
습니다. 1853년에 발표한 평론 「새로운 길」을 통해 요하네스
브람스를 소개한 경우가 대표적이지요. 그는 이 글에서 브람
스를 '시대의 가장 높은 이상을 표현할 메시아'라고 극찬했
고, '언젠가 합창단과 오케스트라, 그리고 청중들이 그의 곁
에 서게 될 날이 오면, 그는 마법의 지팡이를 내릴 것'이라며
열렬히 지지했습니다. 이 평론은 신예 음악가 브람스의 이름
을 널리 알리는 데 결정적인 역할을 했지요.

그의 노력은 집필에서 그치지 않았습니다. 슈베르트가
생전에 발표하지 못하고 세상을 떠났던 〈C장조 대교향곡〉
악보를 접하고는 친구이자 지휘자 펠릭스 멘델스존에게 초
연을 제안한 거지요. 덕분에 자칫하면 잊힐 뻔했던 이 위대
한 작품은 1839년 3월 31일, 라이프치히 게반트하우스에서
사후 초연될 수 있었습니다. 좋은 음악을 세상에 알리고자
하는 슈만의 열정이 빛을 발한 순간이었지요.

슈만의 어머니는 그가 법조인이 되길 바랐고, 이에 따
라 그는 라이프치히와 하이델베르크의 법대에 진학했습니
다. 그러나 문학과 음악에 대한 갈증을 떨칠 수 없었던 그는
결국 프리드리히 비크에게 피아노를 배우며 음악가의 길을

모색하기 시작합니다. 슈만은 피아니스트가 되기를 꿈꿨지만, 1828년 12월 손가락에 시작된 경련이 점차 심해지면서 오른손 중지를 비롯한 만성적인 통증에 시달리게 되었지요. 1832년에는 병역 면제 사유가 될 정도로 손의 상태가 악화되면서 피아니스트의 꿈은 끝내 접어야 했습니다.

이때부터 슈만은 작곡, 그중에서도 특히 가곡 창작에 집중하게 됩니다. 슈베르트의 작품에서 깊은 영감을 받은 그는 문학을 사랑했던 작곡가답게 시에서 모티프를 얻은 작품을 많이 남겼습니다. 하인리히 하이네의 시 16편에 곡을 붙인 〈시인의 사랑〉, 아델베르트 폰 샤미소의 시를 바탕으로 한 〈여인의 사랑과 삶〉, 괴테의 〈파우스트〉, 셰익스피어의 〈율리우스 시저〉 등 이야기가 흐르는 선율들을 작곡했지요.

그는 가곡 외에도 교향곡, 피아노 협주곡, 실내악, 오라토리오, 오페라, 합창곡, 어린이를 위한 음악 등 다양한 장르의 작품을 남겼습니다. 마지막 시기였던 엔데니히 정신병원에서도 몇몇 합창곡과 푸가를 작곡했지만, 안타깝게도 이 유작들은 현재 전해지지 않고 있습니다.

한편, 슈만의 삶에서 빠질 수 없는 존재가 있습니다. 바로 그의 아내이자 피아노 신동으로 명성을 떨쳤던 클라라 슈만입니다. 9세부터 유럽 전역에서 천재적인 연주로 주목받았고, 지금으로 치면 세계 투어를 다닐 정도의 인기를 누린

     제6장. 낭만주의 음악

피아니스트였습니다. 두 사람이 사랑에 빠졌을 때, 클라라의 아버지이자 슈만의 스승인 프리드리히 비크는 격렬하게 반대했습니다. 결국 이들은 법적 분쟁까지 치루며 치열하게 싸웠고, 결국 클라라의 21번째 생일 하루 전날인 1840년 9월 12일 결혼에 성공합니다. 이후 그녀는 슈만이 양극성 장애 등으로 어려움을 겪을 때에도 곁을 지켰고, 생계를 책임지며 자녀들을 키우는 동시에 수천 회의 연주회를 열며 남편의 음악을 널리 알렸습니다.

슈만은 여러 분야에서 화려한 업적을 가지고 있었지만, 정신적인 문제를 겪었던 이력 때문에 원하는 곳의 예술 감독이나 지휘자로 취직할 수 없었습니다. 낙담한 그는 라인강에 결혼반지를 던진 뒤 자살을 시도하기도 했는데요. 구조된 뒤 스스로 정신병원에 입원해 치료받게 되었지요. 이후 그는 가족과 직접적으로 만나지 못한 채 사진과 편지만으로 소식을 주고 받았습니다. 그러다 병세가 악화되었고, 소식을 들은 클라라가 급히 병원을 찾아 세상을 떠나기 이틀 전에야 극적으로 마지막 인사를 나눌 수 있었습니다. 사별한 클라라는 다시 결혼하지 않고 남편의 음악과 업적을 세상에 알리는 데 평생을 바쳤지요.

그가 살아간 시대는 유럽 예술의 황금기였습니다. 그리고 그 시대를 확장하고 풍성하게 만든 인물 가운데 한 사람

요한 안톤 펠너가 은판 사진으로 남긴 슈만(좌),
슈만과 클라라 부부(우)

이 바로 슈만이었지요. 그의 음악을 존경한 후대 음악가들의 말이 이를 잘 증명해 줍니다. 영국의 작곡가 에드워드 엘가는 슈만을 '나의 이상형'이라 표현했고, 노르웨이 작곡가 에드바르드 그리그는 '슈만의 작품은 세계 문학에 크게 공헌했다'는 말을 남겼지요. 그의 음악이 품고 있는 진실성과 깊이는 오늘날에도 여전히 살아 숨 쉬고 있습니다.

　제6장. 낭만주의 음악

피아노의 황금기, 그리고 쇼팽

낭만주의 시대에 가장 많은 사랑을 받았던 음악 장르는 '노래'였습니다. 가곡, 합창, 오페라 등 사람들의 관심을 끌었던 분야의 핵심 요소가 바로 노래였지요. 이 시기를 살았던 작곡가들은 유행처럼 가곡을 작곡했고, 수많은 작품이 큰 인기를 얻었지요. 가곡 다음으로 큰 인기를 누린 건 '피아노 음악'이었습니다. 특히 피아노는 노래와 짝을 이루어 함께 연주되는 경우가 많았습니다. 즉, 피아니스트와 성악가가 함께 연주하는 작품에 대한 수요가 특히 높았던 시기였던 겁니다.

이후 그랜드 피아노가 개발되며 그야말로 피아노의 전성시대가 열렸습니다. 어느 때보다 화려한 피아노의 시대가 열린 것이지요. 바로 이 시기에 프레데리크 쇼팽이 파리에 도착합니다. 당시 파리는 피아노 음악의 중심지였는데요. 그는 1821년부터 이곳에서 살며 세상을 떠날 때까지 음악가로서의 삶에 전념하였습니다.

어린 시절부터 피아니스트를 꿈꿨던 쇼팽은 1826년부터 1829년까지 바르샤바 음악원에 다니며 실내악, 관현악, 성악, 교회 음악, 협주곡 등 다양한 장르의 작곡을 경험했습니다. 심지어 연주자로서 무대에 서기도 했지요. 이러한 경험을 바탕으로 그는 자신에게 가장 잘 맞는 악기가 피아노임을 깨닫게 되었고, 그 이후로는 피아노 중심의 작품에 몰두하게 됩니다. 참고로 그의 모교인 바르샤바 음악원은 오늘날 '쇼팽 음악대학교'라는 이름으로 전통을 이어가고 있지요.

피아노를 위한 수많은 작품을 남긴 작곡가이자 파리에서 가장 바쁜 피아노 교사로 활약했던 음악가 쇼팽이 없었다면, 낭만주의 시대의 피아노 열풍은 지금과는 조금 다른 방향으로 흘러갔을지도 모릅니다. 당시 파리에서 쇼팽의 연주회가 열린다는 소식이 신문에 실리면, 유럽의 왕실들조차 좌석을 구매하려 빠르게 움직였어요. 심지어 영국과 스코틀랜드에서도 쇼팽의 연주회 티켓을 구입하려 했다는 기록이 전해질 정도이지요. 그만큼 쇼팽의 인기는 대단했습니다.

쇼팽은 서른아홉이라는 짧은 생을 살았지만, 그가 남긴 작품은 260여 곡에 이른다고 전해집니다. 사후에 발견되었으나 미공개 상태인 악보, 미완성이거나 폐기하려던 작품을 가족이 보관해 온 경우까지 포함하면, 이 수치는 향후 바뀔 가능성도 큽니다. 현재 실제로 출판되고 연주되는 곡은 약 220여 곡이며, 이 중 피아노를 위한 작품만 해도 190여 곡에 달합니다. 조금 더 구체적으로는 61곡의 마주르카, 16곡의 폴로네즈, 26곡의 프렐류드, 27곡의 에튀드, 4곡의 발라드, 그 외 즉흥곡과 환상곡 등이 있지요.

쇼팽은 작곡 과정에서 수많은 수정을 거쳤던 작곡가였

습니다. 모차르트처럼 단숨에 악보를 완성하던 인물은 아니었지요. 그의 오랜 연인이었던 조르주 상드는 자신의 일기에 쇼팽의 작곡 습관을 이렇게 기록했습니다. '쇼팽은 한 페이지를 완성하기 위해 수십 번씩 고치곤 했고, 끝내는 처음 떠올렸던 선율로 되돌아가곤 했다.'

그렇게 심혈을 기울인 덕분일까요. 지금도 세계 곳곳의 클래식 공연장과 피아니스트들은 쇼팽의 작품을 끊임없이 연주합니다. 특히 자주 연주되는 곡들로는 4곡의 발라드, 녹턴, 연습곡, 피아노 협주곡 등이 있지요. 그 안에는 19세기 낭만주의의 피아노 열기와 찬란했던 음악 세계가 고스란히 담겨 있습니다.

교향곡의 교향곡, 그리고 브람스

낭만주의 시대에서 20세기 음악계로 향하던 시기, 교향곡은 이전과는 또 다른 하나의 '예술 산업'으로 발전해 나갔습니다. 오케스트라 단원들과 협연자, 그리고 지휘자가 함께 무대에 오르는 교향곡은 단순한 음악 장르가 아닌 하나의 거대한 프로젝트였던 셈이지요. 예를 하나 들어보면, 슈베르트나 슈만의 가곡 연주회를 준비하는 데 드는 비용과, 베토벤이나

쇼팽은 짧은 생애를 살았지만, 약 260여 곡을 남겼습니다.
그를 피아노의 시인이라 부른 이유이기도 합니다

브람스의 교향곡 연주회를 준비하는 데 드는 비용은 확연히 다를 수밖에 없습니다. 수익만 놓고 따져본다면, 가곡 연주회보다는 교향곡 연주회가 더 큰 수익을 올릴 수 있는 프로젝트였던 것이지요. 교향곡이 낭만주의 시대에 더욱 빛을 발하기 시작한 배경에는 사회·경제적 성장과 같은 당대 유럽 사회의 흐름이 깊게 얽혀 있었습니다. 그 시절 유럽은 점차 성장하며 한층 더 풍요로워지고 있었으니까요.

참고로, 교향곡이라는 장르는 특정 작곡가가 발명한 것은 아닙니다. 다양한 작곡가들의 상상력과 작품들이 서로 영향을 주고받으며 점차 완성되어 갔는데요. 그중에서도 루트비히 판 베토벤이 남긴 교향곡들은 이후 세대 작곡가들에게 중요한 이정표가 되었습니다. 특히 요하네스 브람스의 교향곡에 큰 영향을 미쳤습니다. 브람스가 남긴 네 편의 교향곡은 당대에도 많은 사랑을 받았고, 그의 교향곡이 연주되는 날이면 공연장이 관객들로 가득 찼습니다. 그리고 오늘날에도 여전히 그 사랑은 이어지고 있지요.

브람스는 독일을 대표하는 작곡가이자, 낭만주의의 세계를 단단히 다져 올린 음악가였습니다. 그가 남긴 네 편의 교향곡은 낭만주의 시대 교향곡의 흐름을 이어가는 중요한 작품들로 평가받습니다. '베토벤의 후계자'라는 찬사를 받았던 브람스답게, 그의 교향곡은 낭만주의적 요소를 깊이 있게 발전시키는 데 기여했지요. 그를 '낭만주의 교향곡의 전문가'라 부를 만한 이유입니다.

서양 음악사를 빛낸 작곡가들이 각자의 인생에서 어떤 순간에 어떤 작품을 남겼는지를 살펴보면, 예술 세계는 결코 그들의 삶과 동떨어져 있지 않다는 사실을 알 수 있습니다. 브람스의 교향곡에도 그와 같은 이야기가 깃들어 있습니다. 브람스를 지지하던 음악계 친구들은 그에게 꾸준히 교향곡 작곡을 권유했지만, 그는 "누군가 교향곡을 작곡해야 한다면, 반드시 베토벤의 교향곡과는 다른 작품이어야 한다"고 말하며 조심스러운 태도를 보였습니다. 평소 베토벤을 향한 깊은 존경심과, 음악적 완벽을 추구하던 그의 철학이 맞물려 좀처럼 교향곡 작업에 착수하지 못했던 것이지요.

이런 고민은 그가 지인들에게 보낸 편지 속에도 담겨 있습니다. "등 뒤에서 들려오는 거인을 생각하면, 누가 감히 편하게 교향곡을 쓸 수 있겠습니까." 여기서 말한 '거인'은 바로 베토벤입니다. 베토벤의 9개 교향곡과 그가 남긴 예술적 유산은 브람스에게 존경이자 동시에 큰 부담이었고, 심지어는 베토벤 이후에 등장하는 모든 교향곡에 대해 회의적인 시선을 갖게 할 정도였습니다. "베토벤처럼 쓰지 못할 바엔 쓰지 않는 것이 낫다"는 생각이 그의 고백 속에 담겨 있었지요. 이처럼 그는 베토벤 이후 교향곡의 새로운 방향을 설정하는 것이야말로 음악가로서의 가장 큰 과제라고 여겼고, 그 과제 앞에서 스스로 큰 부담을 느꼈습니다. 완벽주의적인 성향도 이러한 지연의 원인 중 하나였을 것입니다.

하지만 결국 브람스는 자신만의 교향곡을 완성했습니다. 베토벤은 베토벤이고, 브람스는 브람스니까요. 그가 마흔세 살부터 발표한 4개의 교향곡은 베토벤의 영향에서 출발하되, 브람스 자신만의 세계를 담아낸 독자적인 작품이었

     제6장. 낭만주의 음악

1866년 브람스의 모습입니다

습니다. 교향곡의 역사 안에서도 충분히 주목할 만한 작품들
이지요. 그는 약 21년에 걸쳐 교향곡을 작곡했고, 이는 마치
오랜 기다림 끝에 터지는 축포와도 같았습니다. 물론 이 네
곡의 교향곡은 하루아침에 완성된 것이 아니었습니다. 누구
에게도 보여주지 않고, 숱하게 쓰고 지우며 쌓아올린 예술적
영감과 고뇌의 결과였지요.

그가 오랜 시간 끝에 완성한 교향곡들은 거대하고 아름

다우며, 치밀하게 설계되어 있었습니다. 낭만주의 음악사에서 한 획을 그은 위대한 작품으로 평가받는 것도 바로 그 이유입니다. 이는 '베토벤 이후의 교향곡'이라는 커다란 과제를 자신만의 방식으로 완수한 대서사시이자, 시대를 넘나드는 감동을 품은 음악이기도 하지요. 그런데도 브람스는 자신의 작품에 대해 "내 교향곡은 길고, 특별한 매력은 없는 것 같습니다"라고 말한 바 있습니다. 이 겸손한 표현은 그가 얼마나 진중한 예술가였는지를 보여주는 한마디이기도 하지요.

그가 남긴 네 편의 교향곡이 오늘날까지도 꾸준히 사랑받는 이유, 그것은 그의 교향곡들이 가진 깊이와 완성도뿐 아니라, 진정성을 잃지 않았던 음악가 브람스의 진심 덕분일 것입니다.

가장 성공한 예술 부흥 정책, 로마 대상

1663년 7월 14일, 프랑스 파리에서는 '로마 대상'이 처음으로 개최되었습니다. 로마 대상, 혹은 로마 상이라 불렸던 이 상은 예술가들이 참여하는 일종의 콩쿠르로, 루이 14세 재임 기간 중 장 밥티스트 콜베르를 비롯한 정치가들이 프랑스 예술의 발전을 위해 기획한 국가적 예술 정책의 일환이었습니다. 이후 1968년 5월, 마지막 대회를 끝으로 장장 300년이 넘는 대회의 역사가 막을 내렸는데요. 그 오랜 세월 동안 수많은 프랑스 청년 예술가들이 이 대회를 통해 발굴되었고, 이들이 이룬 예술적 성취는 지금도 프랑스 문화 풍경 곳곳에 깃들어 있습니다.

로마 대상은 1794년부터 1796년까지 이어진 이탈리아 전쟁 기간과 두 차례의 세계대전 시기를 제외하고는 빠짐없이 꾸준히 개최됐습니다. 이 시기는 서양 예술사 전반에 걸쳐 각 예술 분야가 폭발적으로 확장되던 시기이기도 하지요. 회화 부문에서 시작된 로마 대상은 1720년 건축 부문, 1803년 작곡 부문, 1804년 조각 부문으로 점차 확대되어 나갔고, 이를 통해 다양한 분야의 청년 예술가들이 발굴될 수 있었습니다.

로마 대상은 단순한 경연을 넘어, 서양 예술사의 한 축을 담당했던 상징적인 대회입니다. 특히 18세기 후반부터 19세기까지는 로마 대상 수상자들의 이른바 '황금기'였습니다. 이 시기의 수상자들이 각 예술 분야에서 남긴 작품들은 지금도 주목받고 있으며, 로마 대상 출신 예술가들 대부분은 각자의 영역에서 중대한 역할을 수행했지요.

대표적으로 1839년 회화 부문 우승자인 어니스트 에르베르트는 이후 전문 화가로 활동하며, 파리 팡테옹의 천장화 작업을 맡는 등 오늘날 프랑스 곳곳의 문화유산에서 그의 작품을 만나볼 수 있습니다. 1840년 건축 부문 우승자인 테오도르 발루는 빌라 메디치에서 5년을 머문 뒤 파리로 돌아와 트리니티 성당, 생 테스프리 사원 등 아름다운 종교 건축물을 설계했습니다. 또 1874년 조각 부문 우승자인 장 앙투안 앵잘베르는 파리의 아름다운 다리 중 하나인 미라보 다리를 위한 조각 작품을 창작했지요.

이처럼 앞서 소개한 수상자들뿐만 아니라, 305년 동안 각 분야에서 발굴된 수많은 예술가와, 선발되지는 못했지만 지원하고 도전했던 이들까지 모두를 포함한다면, 로마 대상이 프랑스 예술계에 미친 영향력은 실로 상상 그 이상이었다고 할 수 있습니다.

로마 대상의 역할은 단지 유능한 예술가를 선정하고 칭찬하는 데 그치지 않았습니다. 수상자에게는 거액의 상금이나 연금이 지급되었을 뿐 아니라, 예술가로서 더 넓은 세계로 나아갈 수 있도록 로마 유학의 기회까지 제공되었지요. 당시 프랑스의 젊은 예술가들이 가장 선망하던 예술의 중심지는 '로마'였고, 수상자는 로마에 위치한 프랑스 아카데미의 만치니 궁전에서 머물며 예술 활동을 이어나갔지요. 프랑스 혁명 이후인 1803년부터는 로마의 빌라 메디치 Villa Medici 로 거처를 옮겨 체류하게 되었고요.

체류 기간에는 예술적 견문을 넓히는 유럽 여행도 포함되어 있었는데요. 영국의 '그랜드 투어리스트'들처럼, 프랑스의 젊은 예술가들도 유럽 여러 도시를 직접 방문하며 각국의 예술과 문화를 체험할 수 있었습니다. 한편 로마 체류 중에는 반드시 새로운 작품을 창작해야 하는 의무 조항이 있었으며, 작품 완성을 위한 체류 연장도 가능했습니다.

루이 14세와 그 시절의 정치가들이 체계적으로 기획한 로마 대상은 그들이 예상했던 것 이상으로 훌륭한 예술 인재들을 다수 배출했습니다. 당대 지식인들은 '예술이야말로 국가 발전의 커다란 축이 될 것'이라 믿었고, 실제로도 18세기와 19세기 동안 눈부신 예술적 성장을 이끈 원동력 중 하나로 로마 대상을 손꼽을 수 있습니다.

그뿐만 아니라, 로마 대상의 영향력은 프랑스를 넘어 유럽 전역으로 확산되었습니다. 1807년, 루이 보나파르트는 네덜란드판 로마 대상을 창설했고요. 1832년에는 독립 정부를 수립한 벨기에가 자국 내 로마 대상 제도를 공식 도입했습니다. 이 외에도 20세기 초에는 여러 나라와 도시에서 로마 대상의 정신을 계승한 예술 기금, 지원 프로그램, 콩쿠르 등이 속속 등장하며 하나의 유행처럼 퍼져나갔습니다.

로마 대상의 음악들

로마 대상은 음악 부문에서도 수많은 젊은 음악가들의 재능을 세상에 알렸습니다. 후원 제도 덕분에 수상자들은 예술적 영감을 받을 기회가 많았고, 덕분에 프랑스 음악사와 더 나아가 서양 음악사에 길이 남을 작곡가들이 활약할 수 있었지요. 특히 낭만주의 시대를 화려하게 장식한 프랑스 작곡가들 가운데 로마 대상 출신이 많다는 점도 주목할 만합니다.

먼저 엑토르 베를리오즈는 칸타타 〈사르다나팔라스의 죽음〉으로 작곡가 알렉상드르 몽포르와 함께 1830년 대회에서 공동 1위를 차지했습니다. 다만, 베를리오즈의 점수가 더 높았기 때문에 실질적으로는 공동 1위 중에서도 1위라는 기록을 남기기도 했지요. 그는 아버지의 뜻에 따라 의대에 진학했지만, 이후 파글루크의 오페라에 매혹되어 작곡가가 되기로 결심하고 가족을 설득해 파리 국립 음악원에 들어갔습니다. 그곳에서 그는 작곡법과 푸가를 공부했는데요. 보수적인 교수들과 음악적으로 자주 마찰을 빚었다고 하지요. 하지만 끊임없이 탐구하고 분석하는 자세를 잃지 않았는데요. 특히 당대 최초로 베토벤의 교향곡을 모두 분석하고 발표할 정도로 교향곡에 깊은 열정을 지녔다고 하지요. 그는 무려 네 번의 도전 끝에 로마 대상의 우승을 거머쥐었고, 이후 프랑

219　　　　　　　　　　　　　　　　　　

스 교향악의 발전에 크게 기여했습니다. 특히 대표작인 〈환상 교향곡〉은 지금도 많은 이들에게 널리 사랑받고 있지요.

1839년에는 샤를 구노가 단독 수상자로 우승을 차지했습니다. 그는 1837년에도 참가했지만 2등에 머물렀고, 재도전 끝에 우승의 영광을 안았지요. 그가 1859년에 발표한 오페라 〈파우스트〉는 지금까지도 가장 자주 연주되는 오페라 작품 중 하나로 손꼽히며, 1878년에는 프랑스에서 무려 500회 이상 공연되며 엄청난 인기를 끌었지요.

1857년에는 조르주 비제와 샤를 콜랭이 공동 우승을 차지했습니다. 이 가운데 비제가 일등, 콜랭이 이등으로 구분되었지요. 비제의 오페라 〈카르멘〉은 오늘날 세계에서 사랑받는 작품 중 하나입니다. 다만 비제는 안타깝게도 이 작품의 성공을 끝까지 지켜보지 못한 채 세상을 떠났습니다. 당시 파리에서는 그의 죽음이 카르멘의 저주 때문이라는 소문이 돌았고, 실제로 비제와 주연 성악가가 사랑하는 사이였다는 이야기도 전해졌습니다. 하지만 반대로 카르멘을 둘러싼 여러 이야기는 작품의 인기를 더욱 견고하게 만들어주기도 했지요.

1884년의 우승자는 클로드 드뷔시였습니다. 그는 파리 국립음악원 재학 시절, 정통 작곡 방식을 따르지 않는다는 이유로 교수들에게 종종 지적을 받았죠. 기존 화성 체계에 대한 반감을 지녔던 그는 스스로 새로운 작곡 기법을 탐구했습니다. 그러던 중 프랑스에서 유행하던 인상주의 회화와 문학의 분위기를 음악 속에 녹여내며, '최초의 인상주의 음악가'라는 별칭을 얻었습니다. 드뷔시는 칸타타 〈탕자의 비유〉로 로마 대상 우승을 차지했고, 이후에도 꾸준히 다양한 작품을 발표하며 프랑스를 대표하는 작곡가로 활약했습니다.

한편, 로마 대상은 1903년에 여성의 참가를 처음으로 허용했습니다. 이를 계기로 대회에 참가할 수 있었던 릴리 불랑제는 두 번째 참가 시기인 1913년 열아홉 살의 나이로 우승을 거머쥐었습니다. 역사상 최초로 로마 대상 음악상을 수상한 여성이라는 역사적 기록을 세운 순간이었지요. 하지만 안타깝게도 그는 오래 앓던 지병으로 인해 스물다섯이라는 젊은 나이로 세상을 떠났습니다. 같은 대회에서 이등상을 수상했던 그의 언니 나디아 불랑제는 동생의 죽음 이후 평생 작곡을 하지 않습니다. '동생만큼 작곡을 잘하는 사람은 이 세상에 없기 때문'이라는 이유를 대면서 말이지요.

프랑스 예술의 초석, 로마 대상이 남긴 유산

베를리오즈, 구노, 비제, 드뷔시, 그리고 불랑제까지. 로마 대

 제6장. 낭만주의 음악

상이 발굴한 음악가들이 없었다면 오늘날 서양 음악의 전통과 방식은 분명 많이 달라졌을 것입니다. 그만큼 이 대회가 서양 예술사의 발전에 크게 기여했다는 사실을 꼭 기억하시면 좋겠습니다.

로마 대상 수상자들이 로마에서 지낼 당시, 전 부문 참가자들은 매년 정해진 주제에 따라 창작 작품을 제출해야 했는데요. 이때 외부의 도움을 받거나, 아이디어를 미리 공개하는 행위는 금지되어 있었습니다. 따라서 참가자들은 일정 기간 외부와 단절된 채 독립적인 공간에서 머물며 작품에 몰두해야 했지요.

이러한 환경 속에서 지내던 드뷔시는 친구에게 편지를 한 통 보냈습니다. 그 편지에는 "음식이 맛없다", "답답해서 돌아가고 싶다"는 솔직한 심경이 담겨 있었는데요. 당시 예술가들이 로마에서 어떤 생활을 했는지 생생하게 보여주는 일화라 할 수 있습니다.

오늘날 프랑스는 세계적인 예술 유산이 가득한 나라로 손꼽힙니다. 전 세계에서 연주되는 프랑스 작곡가들의 음악 작품들, 해마다 파리의 수많은 박물관과 갤러리를 찾는 여행자들을 생각하면 그 위상을 실감할 수 있지요. 프랑스 문화와 유산이 지닌 오늘날의 경제적 가치는 실로 막대하며, 이는 로마 대상 출신 예술가들이 구축해 낸 문화의 힘이기도 합니다.

이들이 남긴 유산은 오늘을 살아가는 프랑스 청년 예술가들에게도 여전히 깊은 영향을 미치고 있으며, 앞으로도 그 영향력은 이어질 것입니다. 그런 점에서 로마 대상은 프랑스 역사상 가장 성공한 예술 정책 중 하나로 손색이 없다고 할 수 있을 것 같습니다.

낭만적인 언니들의 힙플레이스, 살롱

서양 음악사에서 낭만주의로 분류되는 시기는 교육받은 여성 귀족이 주최하는 '살롱 문화'가 절정에 이르렀던 때이기도 합니다. 당시의 살롱은 오늘날로 치면 여성 기획자가 자신의 집으로 다양한 분야의 인물들을 초청해 서로의 이야기를 나누고 교류하는 일종의 사적 모임이었습니다. 예술가, 문학가, 사상가, 지식인 등 서로 다른 배경을 지닌 사람들이 모여 정치, 문학, 예술, 과학에 이르는 다양한 주제에 대해 의견을 나누었고, 때로는 연주자들의 연주를 감상하거나 문학 작품을 낭송하며 예술적인 교감을 나누기도 했지요.

살롱이 열렸던 누군가의 집은 신과 왕, 그리고 대중의 시선에서 벗어난 안전한 공간이기도 했습니다. 세상과 권위

로마대상은 305년간 프랑스의 청년 예술가 발굴을 위한 일종의 콩쿠르였습니다.
서양 음악사를 이끈 수많은 작곡가가 이곳에서 인정받았습니다. (좌로부터) 베를리오즈는
사수, 구노와 비제, 그리고 드뷔시는 재수 끝에 우승을 거머쥐었습니다

에 대한 조심스러운 비판이나 속내를 조심스레 꺼내놓을 수 있는 유일한 장소였을지도 모르지요. 특히 남성 중심 사회에서 교육과 표현의 제약을 받아온 여성들에게 살롱은 자유를 경험할 수 있는 특별한 무대였을 것입니다. 그곳에서 믿을 수 있는 사람들과 생각을 나누고, 공적인 자리에서는 할 수 없는 일탈의 감정을 맛볼 수 있었던 거지요. 아마도 그런 경험들이 여성 주도의 살롱이 오랜 시간 동안 발전해 나가는 동력이 되었을 것입니다.

살롱에 초대되었던 음악가나 연주자들은 대부분 당대에 큰 인기를 끌었던 인물들이었습니다. 그들이 살롱에서 선보인 음악은 청중들의 입소문을 통해 유럽 전역에 퍼지기도 했고, 살롱은 음악가들에게 일종의 홍보 무대이자 중요한 경력 관리의 장이었습니다. 다양한 인맥을 만날 수 있는 교류의 장이기도 했기에, 음악가들에게는 단순한 공연 이상의 의미를 지닌 자리였지요.

살롱이라는 공간이 지닌 매력은 오늘날까지도 그 여운을 남기고 있습니다. 참고로 '살롱Salon'은 프랑스어나 이탈리아어로 '방' 혹은 '큰 방'을 뜻하며, 살롱을 주최한 여성을 '살롱니에르Salonnière'라고 부릅니다. 유럽에서 살롱 문화가 처음 기록된 곳은 이탈리아입니다. 전쟁에 참전한 남편을 대신해 우르비노를 통치했던 귀족 여성 엘리자베타 곤차가가 초기 살롱 문화의 대표적인 주인공인데요. 그녀가 주최한 모임은 참여한 사람들의 말투, 태도, 심지어 옷차림에 대한 기준이 제시되었고, 이러한 문화는 프랑스로 전해지며 찬란한 살롱 문화의 서막을 열었습니다.

살롱의 이름도 주최자의 이름이나 특징에 따라 다양하게 불렸습니다. 예컨대, 이탈리아의 클라라 마페이가 열었던 살롱은 '살로토 마페이Salotto Maffei'로, 작곡가 펠릭스 멘델스존의 누이인 파니 멘델스존이 주최했던 살롱은 '일요 음악회Sonntagsmusiken'로 불렸습니다. 이처럼 자유를 향한 열망과 예술에 대한 사랑이 유지해 온 살롱 문화는 오늘날에도 다양한 형태로 이어지고 있습니다.

낭만주의 음악을 빛낸 살롱들

클래식 음악과 떼려야 뗄 수 없었던 살롱 문화가 가장 찬란히 빛났던 시절, 낭만주의 시대를 수놓았던 '언니들의 힙한 살롱' 세 곳을 소개해 드립니다. 독일, 프랑스, 이탈리아에서 각각 열린 이 살롱들은 살롱니에르로 활동한 여성들의 독보적인 면모 덕분에 오늘날까지도 기억되고 있습니다. 무엇보다 쇼팽, 리스트, 베르디 등 당대 음악가들과의 인연으로도 유명하지요.

가장 먼저 소개할 살롱은 작곡가 펠릭스 멘델스존의 누이로 잘 알려진 파니 멘델스존의 '일요 음악회'입니다. 그는 자택에서 매주 음악회를 열며 음악을 중심에 둔 시간을 마련하였고, 이는 전문 음악가로 활동하고자 했던 그의 꿈을 간접적으로 실현해 나가는 방식이기도 했습니다.

그의 살롱에는 음악가, 예술가, 지식인들이 모여 연주를 감상하고 토론을 나누었으며, 파니는 이 자리에서 공개적으로 발표하기 어려웠던 자작곡을 연주하거나 오빠 펠릭스 멘델스존의 작품을 소개하기도 했습니다. 이는 당시 여성 작곡가로서 가능한 가장 적극적인 방식의 예술 활동이었지요. 그는 뛰어난 피아니스트이자 일요 음악회의 음악 감독이었으며, 생전에 피아노, 오르간, 합창, 실내악 등 다양한 장르의 음악을 작곡하기도 했습니다. 자신의 집에서 열었던 이 음악회를 통해 작품들을 꾸준히 발표하고, 여행을 통해 여러 작곡가와의 교류도 이어갔지요.

다음으로 소개할 살롱은 19세기 프랑스 파리에서 가장 영향력 있는 여성 중 한 명이었던 마리 다구 백작부인이 주최한 공간입니다. 그는 프란츠 리스트와 공개적으로 사랑의 도피를 떠나 세 아이를 낳기도 했는데요. 그가 연 살롱은 19세기 파리 예술과 문화의 흐름을 이끌었던 것은 물론, 여

227　　

성을 위한 교육 개선이나 자유에 대한 열망 등 당대로서는 도전적인 주제들이 자유롭게 논의된 것으로도 유명합니다.

마리 다구의 살롱은 빅토르 위고, 알퐁스 라마르틴, 프레데리크 쇼팽, 조아키노 로시니 등 당대 주요 인사들이 자주 찾던 곳이었다고 알려집니다. 더불어 그는 '대니얼 스턴'이라는 필명으로 활동하며, 사회 속 여성의 역할을 주제로 한 문학 작품을 남겨 여성 문학사의 중요한 인물로 자리 잡았습니다. 아름다운 외모와 높은 교양, 사교계에서의 존재감까지 겸비했던 그는 이곳에서 쇼팽과 조르주 상드가 처음 만날 수 있도록 인연을 맺어주기도 했습니다. 그는 평생을 프랑스의 자유와 여성의 권리를 위해 헌신하며 살았고, 프란츠 리스트와의 사이에서 태어난 딸 코지마는 훗날 작곡가 리하르트 바그너의 마지막 아내가 되기도 했지요.

마지막으로 소개해 드릴 살롱은 이탈리아 밀라노에서 활동했던 클라라 마페이의 '살로토 마페이'입니다. 그는 귀족 마페이 가문의 부인이자, 예술 후원자이자, 살롱니에르이자, 독립운동 후원가로도 활동하며, 지적이고 용기 있는 여성으로 이름을 알렸습니다. 특히 그는 이탈리아 통일운동 '리소르지멘토Risorgimento'를 적극적으로 지원했는데요. 살롱 또한 실제로 이탈리아 독립운동의 거점 역할을 했지요.

그의 저택인 비아 델 트레 모나스테리Via del Tre Monasteri에

1841년 테오도르 샤세리오가 그린 마리 다구의 초상화입니다

서 운영된 이 살롱은 당시 밀라노에서 가장 유명한 문화 살롱으로 자리 잡았습니다. 주세페 베르디, 프란츠 리스트 등 많은 예술가와 지식인이 참여했으며, 마리 다구 백작부인이 리스트와 함께 밀라노에 방문했을 때 가장 먼저 찾아갔던 곳 또한 이곳이었습니다.

클라라 마페이의 저택이 있던 자리에는 오늘날 다음

   제6장. 낭만주의 음악

과 같은 문구가 새겨진 기념비가 남아 있습니다. "이 집에서 36년간 거주하며 1886년 7월 13일에 세상을 떠난 클라라 마페이 백작부인의 응접실은 유명한 예술가, 문학가, 음악가들이 모였던 장소였다. 1850년에서 1859년 사이에는 이탈리아의 독립과 통일을 열렬히 지지했던 애국자들의 살롱이기도 했다"

이 세 여성의 살롱은 단지 사교의 공간을 넘어, 시대의 변화를 이끌고 문화를 창조했던 장이었습니다. 음악사와 여성사의 중요한 장면들이 이곳에서 피어났고, 그 정신은 오늘날까지도 예술의 언어로 조용히 전해지고 있지요.

여성 음악가를 위하여

서양 음악사는 오랜 세월 동안 남성 중심으로 기록되어 왔습니다. 그렇다고 해서 여성 음악가가 없었다는 뜻은 아니겠지요. 오늘날까지 전해지는 여성 음악가들의 기록과 작품은 그들이 어떻게 음악을 배우고 연주하며, 또 삶 속에서 음악과 더불어 살아갔는지를 보여주는 귀중한 단서가 되어줍니다. 예컨대 메디치 가문은 약 200여 명의 음악가를 고용했으며, 그 가운데 14명은 여성 음악가였다는 기록도 전해지고 있습니다. 이처럼 조용하지만 분명하게, 여성 음악가들의 활동 역시 오랜 시간 이어져 왔습니다.

이 여성 음악가들에게는 공통된 특징이 있습니다. 바로 유명한 남성 인물의 가족이라는 점인데요. 이를테면 펠릭스 멘델스존의 누이인 파니 멘델스존, 로베르트 슈만의 아내인 클라라 비크 슈만 등이 대표적인 예지요. 두 사람은 각자의 환경 속에서 여성 음악가로서 할 수 있는 길을 성실히 걸어갔습니다. 특히 클라라는 부모의 전폭적인 지지 속에서 피아니스트로 성장한 반면, 파니는 반대로 음악을 직업으로 삼는 것을 반대했던 부모의 뜻을 거스를 수 없었던 상황이었습니다.

파니 멘델스존은 어린 시절부터 작곡과 연주 양면에서 뛰어난 재능을 보였습니다. 그러나 부모는 여성인 그가 음악가로 성장하는 것을 허락하지 않았고, 결국 그는 집 안에서 조용히 작곡과 연주를 이어나갔습니다. 동생 펠릭스가 누나의 음악적 능력이 자신보다 뛰어나다고 고백했을 만큼, 파니는 탁월한 음악성을 지니고 있었지요. 결혼 후 그는 집에서 매주 일요일 음악회를 열며 음악가들과 교류하고 자작곡을 연주했습니다. 그렇게 쌓인 작품이 약 470여 곡에 이르며, 오늘날에는 파니의 작품들도 무대에서 다시금 조명받고 있습니다.

클라라 비크 슈만은 고작 아홉 살의 나이에 독일 라이프치히에 위치한 유서 깊은 공연장인 게반트하우스_{Gewandhaus}에서 데뷔한 신동 피아니스트였습니다. 부모의 전폭적인 지지 아래 음악적 재능을 마음껏 펼칠 수 있었던 그는, 로베르트 슈만과 사랑에 빠져 부모의 반대를 무릅쓰고 결혼했는데요. 이후 남편의 음악을 널리 알리는 데 힘을 쏟았고, 남편 사후에도 가족의 생계를 책임지며 연주 활동을 이어나갔지요. 공식 기록만으로도 약 1,700여 회의 연주를 했고, 독일 여성 최초로 음악대학 교수에 임용되기도 했습니다.

하지만 서양 음악사에서 최초로 이름을 남긴 여성 작곡가는 마달레나 카술라나입니다. 그는 1566년 베네치아에서 자신의 악보집 전체를 출판하며 여성 작곡가 최초로 작품집을 세상에 선보였습니다. 메디치 가문의 여성 후원자였던 이사벨라 데 메디치의 지원 아래, 이탈리아 르네상스 후기 마드리갈 양식의 중요한 기법들을 정립하기도 했습니다. 마달레나 카술라나는 자신의 음악집 서문에 다음과 같은 문장을 남겼습니다.

"음악이라는 직업에서 가능한 한 많은 이들에게, 남성만이 지성과 예술적 재능을 지녔다는 믿음이 잘못되었음을 보여주고 싶습니다. 또 그런 재능이 여성에게는 결코 허락되지 않는다는 생각이 허황된 오류임을 알리고 싶습니다."

♫

작가 미상, 잘못 알려졌던 이사벨라 데 메디치 초상.
그녀의 후원이 여성 음악가 이야기의 시작이었습니다

그의 말은 시대를 초월한 용기이자, 오늘날에도 여전히 유효한 선언입니다. 여성 음악가들의 이야기는 단지 과거의 주석이 아니라, 음악사 속 당당한 한 축으로 계속해서 재조명되어야 할 소중한 자산임을 잊지 않았으면 좋겠습니다.

쇼팽의 장례식이 2주 연기된 까닭

오늘날 서양 음악사 연구에서 가장 활발하게 다뤄지고 있는 주제 중 하나는 바로 여성 음악가들의 활동과 삶입니다. 어느 분야에서든 여성의 목소리는 오랜 세월 제대로 조명받지 못했지만, 유독 서양 음악사에서는 그러한 경향이 더 두드러졌습니다. 그 배경에는 다양한 요소들이 얽혀 있습니다. 시대를 아우르는 관습, 문화, 종교적 제약, 그리고 여성 교육의 제한이 복합적으로 작용했던 것이지요.

특히 유럽은 오랜 기간 신과 왕, 그리고 남성이 중심이 된 사회였습니다. 그런 문화 속에서 음악 역시 자연스럽게 남성 중심의 구조를 띨 수밖에 없었고, 여성의 음악적 참여는 제약받을 수밖에 없었습니다. 학교라는 제도적 공간으로 여아 교육이 정착되기까지 긴 시간이 걸렸던 점 또한 여성 음악가의 등장을 지연시키는 요소로 작용했지요.

이러한 상황을 단적으로 보여주는 역사적 사례가 있습니다. 1849년 10월 17일, 프레데리크 쇼팽이 세상을 떠났을 당시의 장례식 이야기입니다. 그의 장례식은 10월 30일 파리의 마들렌 성당에서 거행되었는데요. 사망 이후 약 2주나 지나서 치러졌다는 점은 당시로서도 이례적인 일이었습니다. 그 이유는 단순한 일정상의 문제가 아니었습니다.

쇼팽은 생전에 자신이 세상을 떠난 뒤, 모차르트의 〈레퀴엠〉이 장례식에서 연주되기를 바랐습니다. 그런데 이 곡은 여성 성악가의 참여가 필수적인 작품이었습니다. 하지만 당시 파리 대교구 추기경은 여성의 전례 참여를 제한한 교황 그레고리오 16세의 지침을 근거로 들며, 여성 성악가가 성가대에서 얼굴을 드러내고 노래하는 것을 허락할 수 없다고 못 박았습니다. 반면, 유족 측은 쇼팽의 마지막 뜻을 지키고자 〈레퀴엠〉의 연주를 고집하였고, 그 결과 양측은 절충점을 찾게 됩니다. 여성 성악가들이 성당 제단의 장막 뒤편에 서서 얼굴을 가린 채 노래하는 조건으로 연주가 허락된 것이지요.

이 일화는 단지 쇼팽의 장례식을 둘러싼 에피소드로만 볼 수는 없습니다. 이처럼 공식적인 자리에서 목소리를 내는 것조차 금지되었던 분위기 속에서, 여성 음악가가 자신의 이름을 걸고 독립적인 연주회를 개최한다는 것은 거의 상상할 수 없는 일이었습니다. 남성 음악가의 연주회에서 몇 곡을

테오필 크비아트코프스키의 〈쇼팽의 마지막 순간〉. 침대 곁엔 가족과 친구들이 함께합니다

연주하거나, 남성 중심의 프로그램에 일부 참여하는 정도가 가장 일반적인 방식이었지요.

그럼에도 여성 음악가들은 자신의 방식으로 음악을 향유하고, 작곡하며, 살롱에서 연주하는 등의 활동을 이어갔습니다. 당시의 제한된 환경 속에서도 음악에 대한 사랑과 열정을 놓지 않았던 이들의 이야기는 오늘날 우리가 다시 돌아볼 만한 충분한 가치를 지니고 있습니다.

조금씩 천천히 나아가는 중

만약 당시 여성 음악가들이 성당 안에서 자유롭게 노래할 수 있었다면, 프레데리크 쇼팽의 장례식이 2주 가까이 미뤄지는 일은 없었을지도 모릅니다. 나아가 많은 여성 음악가가 제약 없이 활동할 수 있는 시대가 앞당겨졌을 수도 있겠지요.

이번에는 쇼팽의 장례식이 열리고 나서 63년이 지난 시점, 20세기 초반의 미국으로 시선을 옮겨볼게요. 당시 미국에서도 상황은 크게 다르지 않았습니다. 1904년, 미국 음악가 노조는 여성 음악가의 가입 자체를 금지하고 있었고, 제도적 장벽은 여전히 견고했습니다. 이후 20년 가까운 시간이 흐른 뒤, 샌프란시스코 심포니가 다섯 명의 여성 단원을 정규직으로 고용하며 변화를 만들어내기 시작했지요. 영국에서는 1913년에야 최초로 여성 연주자가 오케스트라에 정식으로 채용되었고, 뉴욕 필하모닉은 1966년에야 첫 여성 단원을 선발했습니다. 지금으로써는 당황스러운 이야기인데요. 여성 첼리스트의 포즈가 선정적이라는 이유로 첼로 파트에서 여성 단원을 선발하지 않는 경우도 있었습니다.

더 안타까운 점은 이처럼 먼 과거의 일이 오늘날에도 여전히 반복되고 있다는 사실입니다. 클래식 음악계에서 여성 음악가들의 활동은 아직도 남성 음악가에 비해 현저히 적은

 제6장. 낭만주의 음악

것이 현실입니다. 물론 다행스럽게도, 느리지만 꾸준한 변화는 이어지고 있습니다. 매년 여성 음악가들의 활동 참여율이 조금씩 증가하고 있으며, 오케스트라의 지휘자, 연주자, 작곡가 등 다양한 분야에서 여성의 이름이 점차 더 많이 언급되고 있지요.

이러한 변화의 상징적인 사례로, 2022년 독일 베를린 필하모닉 오케스트라의 콘서트마스터 오디션이 있었습니다. 콘서트마스터는 오케스트라에서 지휘자를 대신할 수 있는 악장으로, 연주자 전체를 대표하는 중책인데요. 이 오디션에서 여성 바이올리니스트 비네타 사레이카가 우승을 차지하며, 베를린필 창단 141년 만에 최초의 여성 콘서트마스터가 임명되는 역사적인 순간이 펼쳐졌습니다. 그러나 약 2년 후, 사레이카는 돌연 사의를 표했는데요. 그 배경과 의미를 놓고 클래식 음악계에서는 여러 해석이 오가기도 했습니다. 여전히 많은 고민과 숙제가 남았다는 반증이겠지요.

한편, 여성 음악가들의 활동을 지원하는 단체들도 다양한 노력을 이어가고 있습니다. 그중 하나인 여성 필하모닉 협회는 2024년에 전 세계 48개국에서 열린 총 30,774건의 클래식 음악회를 분석한 결과를 발표했는데요. 이 자료에 따르면, 여성 작곡가의 작품이 연주된 비율은 최근 10년간 증가세를 보이고 있으며, 지휘자가 등장한 연주회 중 약 13%에

안토니아 브리코는 베를린예술대학 첫 미국인 여성 입학생이자,
뉴욕필을 지휘한 첫 여성입니다

서 여성 지휘자가 무대에 섰다고 합니다. 그러나 동시에 전 세계에서 가장 많이 지휘한 지휘자 50명의 명단에 이름을 올린 여성은 단 한 명도 없었다는 사실도 함께 밝혀졌지요.

이러한 수치는 오늘날 클래식 음악계에서 여성 음악가들이 차지하는 비중을 단적으로 보여주는 지표이기도 합니

다. 아직 갈 길은 멀지만 변화의 흐름은 분명히 존재하며, 이
변화는 지금도 계속되고 있습니다.

런던의 피아노 무역이 쏘아올린 낭만시대

서양 음악사 속에서 창조되고 발명되어 오늘날까지 발전해
온 여러 악기는 오랜 세월 동안 다양한 변화를 겪어왔습니
다. 피아노, 바이올린, 첼로, 플루트와 같은 악기들은 마치 인
류가 진화해 온 것처럼 시대마다 모습과 기능을 조금씩 바꾸
어 왔지요. 불편했던 점은 개선되고, 불필요했던 요소는 사
라지며, 새롭게 보완되어야 할 부분들은 끊임없이 수정되었
습니다. 변화의 목적은 단 하나, 더 나은 소리와 연주자의 편
의를 위한 것이었습니다. 그렇게 수많은 세월을 거쳐 오늘날
우리가 보는 악기의 형태는 그야말로 어느 것 하나 허투루
만들어진 부분이 없습니다.

이러한 변화는 산업의 발달과 함께 더욱 가속화되었는
데요. 특히 유럽에서 악기의 대량 생산이 가능한 시점부터는
그 속도가 눈에 띄게 빨라졌습니다. 흥미롭게도, 이 시기는
서양 음악사가 한층 더 풍요로워진 낭만주의 시대와 맞물려
있습니다. 악기의 발전과 대중적인 보급, 그리고 음악 교육

의 확대는 낭만주의 음악의 폭발적인 성장을 이끈 중요한 동력이 되었지요.

약하게 강하게 피아노포르테

오늘날 악기를 배울 때 먼저 고려되는 악기 중 하나는 단연 피아노입니다. 그만큼 진입 장벽이 낮은 악기로 알려졌지만, 막상 배워보면 결코 만만한 악기는 아닙니다. 우리가 흔히 '피아노'라고 부르는 이 악기의 정식 명칭은 피아노포르테 Pianoforte인데요. 이탈리아어로 '약하게'를 뜻하는 piano와 '강하게'를 뜻하는 forte가 합쳐진 이름입니다. 이름 그대로 피아노포르테는 연주자가 손끝의 강약을 조절하여 다양한 음의 크기를 낼 수 있는, 그 자체로 혁신적인 악기였습니다.

오늘날의 피아노는 세 개의 페달과 여든여덟 개의 건반으로 구성되어 있으며, 해머가 현을 두드려 소리를 내는 타현打弦 악기입니다. 타현 악기의 기원은 고대 중동에서 사용되던 덜시머Dulcimer에서 찾을 수 있고요. 이후 클라비코드, 하프시코드, 쳄발로Cembalo 등을 거쳐 마침내 19세기에 이르러 피아노포르테가 등장하게 되었지요. 여리고 강한 소리를 모두 낼 수 있는 역동성, 음량을 세밀하게 조절할 수 있는 민

감도, 터치의 강약에 따라 달라지는 표현력은 이전의 유사한 악기들이 가지지 못한 피아노만의 강점이었습니다.

이처럼 완성도 높은 악기인 피아노도 사실 숙명처럼 따라다니는 불편함이 있습니다. 첫 번째는 연주자가 악기를 가지고 다닐 수 없다는 점입니다. 바이올린이나 플루트 등 대부분의 기악기 연주자들은 자신에게 익숙한 악기를 늘 가지고 다니며 연주하지요. 그러나 피아노는 그럴 수 없습니다. 피아니스트는 무대마다 낯선 피아노 앞에 앉아야 하고, 언제나 '처음 만나는 악기'로 공연을 치러야 합니다. 그래서 국제 콩쿠르나 유명 공연장에서는 두 대 이상의 피아노를 준비해 연주자가 직접 시험해 보고 선택할 수 있도록 배려하기도 하지만, 이런 경우는 오히려 예외적입니다. 대부분 단 한 대의 피아노로 무대를 준비해야 하지요.

두 번째 불편함은 정기적인 조율의 필요성입니다. 피아노는 건반을 누르면 해머가 현을 때려 소리를 내는 구조이다 보니, 연주를 거듭할수록 현이 조금씩 늘어나게 됩니다. 현이 늘어나면 음정이 조금씩 낮아지므로, 일정한 음높이를 유지하기 위해서는 정기적인 조율이 꼭 필요합니다. 현악기 연주자들이 스스로 음정을 맞추는 것과 달리, 피아노의 조율은 전문 조율사의 몫입니다. 단순히 음정을 맞추는 작업처럼 보일 수 있지만, 피아니스트들 사이에서는 조율사의 역량이 연주자의 손끝 감각과 음색에 적지 않은 영향을 미친다고 이야기하곤 합니다.

이러한 물리적인 제약에도 불구하고 피아노는 여전히 사랑받는 악기 중 하나입니다. 무엇보다 88개의 건반으로 오케스트라의 다채로운 사운드를 표현할 수 있는 유일한 악기이기 때문이지요. 피아노는 낭만주의 시대의 중심에서 음악의 감정을 풍성하게 전달해 준 매개체였고, 지금도 여전히 무대 위에서 그 역할을 훌륭히 수행하고 있습니다.

영국 피아노 무역의 결론

오늘날 우리가 알고 있는 피아노포르테는 영국 런던에서 본격적으로 개발되고 발전된 악기입니다. 피아노포르테가 최초로 제작된 공방은 스위스 출신의 하프시코드 장인 부르캇 슈디의 작업실로 알려져 있습니다. 슈디는 프로이센과 영국의 왕, 스페인의 여왕 등 유럽 각국의 왕실을 위해 하프시코드를 제작해 납품했고, 귀족층을 중심으로도 그의 악기를 찾는 이들이 많았습니다. 하지만 점차 하프시코드의 인기가 쇠퇴하면서 슈디 역시 새로운 악기의 가능성을 탐색하게 되었습니다.

오늘날의 피아노포르테는 영국 런던에서 본격적으로 개발 및 발전되었습니다

그런 가운데 1761년, 스코틀랜드 출신의 젊은 목수 존 브로드우드가 슈디의 제자로 들어오게 되었고, 5년 후 슈디의 딸과 결혼하면서 장인의 기술과 영업망을 자연스럽게 이어받게 되었습니다. 두 사람은 하프시코드의 한계를 극복하고자 새로운 아이디어를 시도했고, 그 결과 최초의 스퀘어 피아노포르테가 탄생하게 되었지요. 이후 피아노포르테는 점차 독자적인 악기로서 존재감을 드러내며 빠르게 보급되기 시작합니다.

슈디가 세상을 떠난 뒤, 브로드우드는 장인의 유산과 기술을 이어받아 본격적으로 사업을 확장했습니다. '브로드우드 사Broadwood & Sons'라는 이름으로 피아노 제작 회사를 설립한 것이지요. 당시 유럽 대륙에서는 그의 피아노와 경쟁할 수 있는 제작사가 거의 없을 정도였고, 유럽 각지에서 몰려드는 주문은 그의 사업을 더욱 빠르게 성장시켰습니다. 런던 내에서도 가장 많은 기술 노동자를 고용한 사업체 중 하나로 손꼽히며, 영국의 산업 발전과 함께 피아노 제조업도 눈부신 성장을 이루었습니다.

한편, 1790년을 전후해 프랑스는 자국의 피아노 산업을 보호하고 육성하기 위해 영국산 피아노의 수입을 규제하는 조치를 단행합니다. 이를 계기로 프랑스 내에서도 독자적인 피아노 제작 기술이 본격적으로 발전하게 되었지요. 쇼팽이

　　　　　　　　　　　제6장. 낭만주의 음악

애용했던 피아노 브랜드로 잘 알려진 플레옐Pleyel과 에라르 Érard 역시 이 시기를 기점으로 도약의 발판을 마련합니다.

1797년부터 1820년까지 에라르가 제작한 그랜드 피아노는 약 448대로 추정됩니다. 이미 1802년까지 연간 2,500대 이상의 그랜드 피아노를 제작했던 브로드우드 사에 비하면 아직 규모는 작았지만, 기술적 완성도와 예술적 감각을 바탕으로 프랑스 피아노 산업은 점차 경쟁력을 갖추게 되었습니다. 영국에서 시작된 피아노포르테의 기술이 프랑스에서 또 다른 방식으로 꽃 피우며, 낭만주의 시대의 음악사에 한층 풍요로운 장을 열게 된 셈입니다.

피아노의 보급과 음악 교육의 대중화 시작

런던에서 피아노 제작 산업이 급속도로 발전할 수 있었던 이유는 무엇이었을까요? 단순히 영국 전역의 산업화가 빨랐기 때문만은 아닙니다. 물론 피아노를 구성하는 금속이나 현 같은 부품들이 기술의 발전 덕분에 더욱 정교해졌던 점도 분명한 사실이지만, 가장 본질적인 이유는 바로 피아노에 대한 수요가 많았기 때문입니다. 수요가 많은 곳에서는 생산과 공급이 자연스럽게 증가하고, 반대로 수요가 적은 지역에서는 산업의 성장이 더디게 나타날 수밖에 없지요. 런던은 피아노 포르테의 음악을 사랑하는 사람들이 많은 도시였습니다.

단지 경제적 요소만으로 설명되기보다는, 동시대 영국과 유럽 대륙 사이에서 피아니스트에 대한 인식 차이에서도 그 배경을 엿볼 수 있습니다. 예를 들어 런던에서는 피아니스트의 독주 무대가 매우 인기 있었던 반면, 유럽 대륙에서는 피아노 독주회가 그다지 각광받지 못했습니다. 당시 유럽에서는 피아노가 단독으로 연주되기보다는, 성악가나 다른 악기와 함께 연주되는 반주 악기로 인식되었던 것이지요.

하지만 시간이 흐르면서 프랑스가 점차 피아노 제작 강국으로 떠오르게 되었습니다. 프랑스 사람들이 피아노를 집 안에 들여놓고자 하는 욕구가 커졌기 때문이지요. 여기에 더해 낭만주의 시대의 파리에서는 프란츠 리스트, 프레데리크 쇼팽, 지기스문트 탈베르크 등 당대의 명연주자들이 화려한 독주회를 선보이며 대중의 사랑을 받았습니다. 자연스레 피아노 제작에 대한 수요도 늘어날 수밖에 없었지요. 연주회의 성행은 음악 교육 수요의 증가로 이어졌고, 이는 곧 피아노 제작 산업의 성장으로 연결되었습니다.

실제로 쇼팽이 고국 폴란드를 떠나 빈을 거쳐 파리에 정착한 시기는 플레옐과 에라르 같은 브랜드가 그랜드 피아노 제작에 힘을 쏟던 시기와 맞물립니다. 당시 약 100만 명이

20만 호에 거주하던 파리에는 약 6만 대에 달하는 피아노와 유사 악기들이 보급되어 있었다는 기록이 남아 있는데요. 두 집마다 한 대꼴로 피아노를 소유하고 있었다는 의미로 해석할 수 있습니다. 이는 곧, 영국의 피아노 산업이 유럽 대륙에 미친 영향이 파리에 '피아니즘'이라는 새로운 흐름으로 번져 갔음을 보여주는 지표이기도 합니다.

당시 피아노는 지금의 기준으로 보아도 상당히 고가의 악기였습니다. 1864년 기준으로 그랜드 피아노 한 대의 가격은 약 1,400프랑이었으며, 이는 현재 가치로 환산하면 약 3,500만 원에 해당하는 금액입니다. 따라서 피아노는 일반 서민이 감히 구입할 수 있는 물건은 아니었고, 주로 부유한 귀족층을 중심으로 보급되었습니다.

그런 시대적 흐름 덕분에 쇼팽은 파리에서 가장 인기 있는 피아노 교사로 자리매김했습니다. 그에게 자녀를 가르치고 싶다는 귀족 가문의 수요가 이어졌고, 이는 곧 쇼팽의 경제적 안정으로도 연결되었지요. 당시 그의 피아노 레슨비는 1시간에 20프랑으로 오페라 티켓보다 비싼 금액이었으며, 청소 노동자 하루 임금의 20배가 넘는 금액이기도 했습니다.

그는 귀족들의 집을 옮겨 다니며 레슨을 하지 않고, 오히려 자신의 집에서 학생들을 가르쳤습니다. 이처럼 귀족들이 그의 집을 직접 찾아올 만큼, 쇼팽은 높은 명성과 교육적

스위스 출신의 지기스문트 탈베르크는 리스트, 쇼팽과 함께
파리에서 가장 유명했던 비르투오소였습니다

성취를 함께 지닌 음악가였습니다. 다만 기록에 따르면, 그
는 학생들에게 다소 엄격한 스승이기도 했지요.

애초에 쇼팽의 계획은 음악의 수도로 불리던 빈에 정착
하는 것이었습니다. 하지만 런던으로 가던 도중 우연히 파리
에 머물게 되면서 그의 삶은 완전히 달라졌습니다. 파리에서

제6장. 낭만주의 음악

피아노 음악의 붐이 일어나던 시기에 그곳에 있었다는 점은 쇼팽에게 큰 행운이었고, 런던에 머물렀다면 오히려 쇠퇴하던 피아노 문화의 영향으로 인해 기회를 잃었을 수도 있었을 것입니다.

이처럼 파리에서 피아노 제작과 음악 교육이 활성화되던 시기, 쇼팽을 비롯한 많은 음악 교사는 피아노를 배우고자 하는 학생들과 함께 활발한 나날을 보냈습니다. 낭만주의 시대에 음악을 배운 어린 학생들은 성장해 훗날 또 다른 스승이 되었고, 그들의 제자가 다시 다른 세대에게 음악을 전했습니다. 이처럼 이어진 음악 교육의 계보는 오늘날 우리가 누리는 클래식 음악의 토대를 마련했지요. 결국 클래식 음악이 오랜 시간 동안 인류의 곁을 지킬 수 있었던 것은 피아노라는 악기를 둘러싼 문화와 교육, 그리고 그것을 가능하게 한 사회적 환경이 함께 조화를 이루었기 때문임을 기억했으면 좋겠습니다.

내가 선택하는 나의 예술

유럽의 역사를 뒤흔든 결정적인 사건 중 하나는 단연 프랑스혁명입니다. 이 사건을 계기로 사람들은 그동안 당연하게 여겨왔던 사회 질서와 가치들이 하나둘 무너져 내리는 것을 목격하게 되었습니다. 정치, 경제, 사회 문화 모든 분야에서 변화가 일어났고, 그 방향은 점차 소수의 특권층이 아닌 보통 사람들의 삶에 초점을 맞추는 쪽으로 나아갔습니다. 물론 변화의 여정에는 크고 작은 사건들이 수없이 이어졌지만, 그 가운데 서양 음악사의 흐름을 결정적으로 바꾼 요인 중 하나는 바로 '돈'이었습니다.

음악은 늘 '누가 돈을 내는가'에 따라 그 향방이 달라지곤 했습니다. 왕정 시대의 음악가들은 궁정의 요리사, 정원사, 화가, 하인들과 마찬가지로 일정한 보수를 받고 일했습니다. 만족스러운 조건은 아니었겠지만, 궁정은 그들에게 안정적인 생계 기반이었습니다. 그러나 시대가 바뀌며 왕실과 귀족들이 몰락하자, 궁정에서 일하던 하인들과 함께 음악가들도 대대적인 구조조정의 대상이 되었습니다.

한순간에 실업자가 된 그들은 어떻게 생계를 이어갔을까요? 음악을 떠나야 할 위기 앞에서 음악가들은 어떤 선택을 했을까요? 18세기 후반부터 19세기 초반에 이르는 격변의 시기, 유럽 전역에서 음악에 대한 후원은 급감했고, 이는 곧 음악 산업 전반의 위축으로 이어졌습니다. 영국만 보더라도 경기 침체가 닥쳤던 시기에는 런던의 공연장, 악기 제작소, 음악 교습소까지 모두 불황을 겪었습니다. 악기 구입도

  제6장. 낭만주의 음악

줄고, 수업 신청도 뜸해졌으며, 새로운 작품을 발표할 기회
도 현저히 줄어들었지요.

　이러한 흐름은 오늘날에도 여전합니다. 경제가 어려워
지면 예술 관련 지출이 가장 먼저 줄어드는 경향, 지금도 익
숙한 이야기이지요. 그런데 그 시절 음악가들은 가만히 주
저앉지 않았습니다. 조금씩 새로운 방향을 모색하기 시작했
고, 새롭게 부상한 계층, 즉 중산층 시민들을 향해 나아갔습
니다. 왕실이나 귀족의 후원을 잃은 음악가들은 이제 경제적
여유가 생긴 시민 계층을 위한 음악을 만들고, 연주하고, 가
르치기 시작한 것입니다.

　이러한 변화 속에서 탄생한 음악이 바로 낭만주의 음악
입니다. 귀족을 위한 사교 음악이 아닌, 감정을 표현하고 삶
의 고통과 기쁨을 노래한 인간 중심의 음악, 그리고 자신의
삶을 스스로 결정할 수 있었던 시민들을 위한 음악 말이지요.

　결국 중요한 것은, 그 어떤 어려움 속에서도 음악가들은
음악을 포기하지 않았다는 점입니다. 후원이 끊기고, 무대가
사라지고, 청중이 줄어드는 위기 속에서도 그들은 작곡했고
연주했고 가르쳤습니다. 이러한 끈질긴 생존과 창조의 역사
가 있었기에 오늘날 우리가 누리는 수많은 명곡과 악기, 악
보, 교육 자료, 연주 전통이 존재하게 된 것입니다. 바로 이것
이 클래식 음악이 문명과 함께 계속 성장해 올 수 있었던 실

질적인 이유라고 할 수 있겠습니다.

새로운 역할, 새로운 음악, 새로운 이야기

월급과도 같았던 후원을 받으며 활동하던 과거의 음악가들과는 달리 낭만주의 시대의 음악가들은 점차 새로운 방식으로 음악과 삶을 대면하게 되었습니다. 이제 그들은 더 이상 특정한 후원자의 요청이나 정치적, 종교적 취향에 맞춘 작품만을 쓰지 않았습니다. 대신, 대중을 위한 음악을 만들고 연주했으며, 무엇보다 자신을 위한 음악 활동을 시작하게 되었지요.

이를테면, 모차르트는 대주교의 요구에 따라 미사곡을 작곡해야 했지만, 쇼팽은 자신이 가장 애정하는 악기인 피아노를 위한 작품에 전념했습니다. 베토벤은 한때 왕실의 음악 감독이 되기 위해 군주의 음악 취향을 고민했지만, 슈만은 상상 속 인물들의 대화를 음악으로 풀어내며 자기만의 내면세계를 오선지 위에 그려 넣었지요.

우리가 삶의 기쁨을 느끼는 순간 중 하나는, 자신이 원하는 일을 마음껏 해낼 수 있을 때일 것입니다. 그런 점에서 그 시대의 음악가들 역시 누군가를 만족시키기 위한 음악이 아니라, 자신의 열정과 상상과 철학을 담은 음악을 통해 더욱 넓은 예술의 세계를 열어갔던 것이라 짐작됩니다.

이러한 변화의 흐름 속에서 낭만주의 시대는 서양 음악사 전체를 통틀어 가장 다양한 음악적 유산을 남긴 시기로 기억되고 있습니다. 예를 들어, 17세기부터 이어진 푸가와 소나타 형식에서 발전한 절대음악, 그리고 특정 주제나 장면을 묘사하는 표제음악이 나란히 꽃피게 된 것이지요. 베토벤의 〈교향곡 6번〉 '전원'에서 시작해, 베를리오즈의 〈환상 교향곡〉으로 이어지는 이러한 흐름은, 오늘날 우리가 만나는 클래식 음악의 정체성과 다양성의 기반이 되었습니다.

한편, 18세기 후반 영국의 피아노 산업이 19세기 초 프랑스에서 그랜드 피아노로 발전해 가는 동안, 새로운 계층인 중산층의 가정에서는 음악이 일상 속 루틴이 되어갔습니다. 과거 왕실의 정원에서 열리던 연주회는 이제 중산층의 거실과 정원에서 펼쳐졌고, 여성들이 정규 교육을 받기 어려웠던 시절에도 음악을 배울 수 있는 기회는 점차 확대되었지요.

이렇게 음악 교육을 받은 중산층 사람들 가운데 일부는 아마추어 음악가로 활동하기도 했습니다. 그들은 소규모 무대에서 연주하거나, 직접 작곡을 시도하면서 음악계의 저변을 더욱 넓혀갔고, 이는 결과적으로 음악 산업 전체의 선순환을 이끄는 동력이 되었습니다. 아마추어 음악가들의 활동은 전문 음악가들과의 경계를 허물고, 음악을 보다 친근하고 접근 가능한 예술로 확장 시켜주었습니다.

이렇듯 낭만주의 시대를 살았던 음악가들은 단지 예술가로서 작품을 남긴 것을 넘어, 자신의 삶과 시대를 관통하는 새로운 음악적 역할과 정체성을 만들어갔습니다. 이러한 노력이 오늘날까지 이어지는 클래식 음악의 전통과 문화를 형성한 밑바탕이 되었음은 분명합니다.

제 7 장

20세기
음악

지구 역사상 최대, 최첨단의 시대가 매일 펼쳐지고 있습니다. 우리에게 필요한 모든 것들은 도태와 소멸을 반복했고, 또 진화가 필요한 모든 분야는 눈 깜짝할 사이에 발전을 거듭하고 있지요. 그럼에도 전쟁은 여전히 현재 진행형입니다. 이미 오래전에 역사 속으로 사라졌어야 할 전쟁이 아직도 지구 곳곳에서 벌어지고 있지요.

20세기 음악사에서 중요한 이야기 중 하나는 전쟁입니다. 지구에서 전쟁이 사라지는 그날까지, 우리 모두 과거의 전쟁을 기억해야 합니다. 한 사람의 기억만 가지고 전쟁을 멈출 수는 없겠지만 세대와 세대가 마음속에서 조금씩 전쟁을 밀어낸다면, 언젠가는 전쟁이 없는 세상을 기대할 수 있으리라 믿어보면서 말이지요.

서양 음악사 안에는 전쟁을 기억할 수 있는 예술적 유산들이 적지 않게 남아 있습니다. 프랑스를 대표하는 작곡가 모리스 라벨의 작품 〈쿠프랭의 무덤, M.68〉, 제1차 세계대전에서 오른팔을 잃은 피아니스트 파울 비트켄슈타인을 위해 일곱 명의 작곡가가 쓴 〈왼손을 위한 피아노 협주곡〉, 미국 원정군의 음악 교육에서 출발한 프랑스의 퐁텐블로 미국 콘서바토리 등이 대표적인 예이지요.

〈쿠프랭의 무덤, M68〉은 제1차 세계대전에 운전병으로 참전했던 라벨이 전사한 친구들을 추모하며 쓴 피아노 모음곡입니다. 여섯 악장으로 구성된 이 작품은 총 일곱 명에게 헌정되었는데요. 이중 두 명을 제외한 다섯 명이 폭격과 전투로 인해 사망했습니다. 아무런 이유 없이 세상을 떠나야했던 친구들을 위해 라벨은 얼마나 많은 눈물을 흘렸을까요. 작품의 분위기가 무겁지 않다는 비판적인 의견들도 나왔는데요. 그는 "죽은 친구들의 영원한 슬픔을 노래했다"는 말로 이러한 비판에 대해 분명히 선을 그었습니다.

〈왼손을 위한 피아노 협주곡〉은 전쟁으로 오른팔을 잃은 피아니스트 파울 비트켄슈타인을 위해 벤저민 브리튼, 파울 힌데미트, 모리스 라벨, 세르게이 프로코피예프 등 당대의 작곡가들이 각각 발표한 작품입니다. 이들 작품은 전쟁이 남긴 상흔이자, 동시에 한 연주자가 자신의 꿈을 포기하지 않고 끈질기게 예술을 향한 길을 걸어간 의지의 결실이기도 합니다. 게다가 이 곡들은 오늘날에도 한 손으로 연주하는 피아니스트들에게 매우 소중한 레퍼토리로 사랑받고 있지요.

한편, 제1차 세계대전 이후 파리 근교 퐁텐블로 성에서 열리기 시작한 음악 수업은 훗날 퐁텐블로 미국 콘서바토리로 발전하게 되었습니다. 이 예술 학교 역시 전쟁이라는 아픈 배경 속에서 탄생한 기관이었지만, 전쟁이 끝난 뒤 미국에서 프랑스로 예술을 배우기 위해 떠나는 유학생들의 발길이 이어지며 새로운 문화적 흐름을 만들어냈습니다. 현재까지도 이 학교는 여름 프로그램 형식의 예술학교로 운영되며, 수많은 젊은 예술가들에게 귀중한 배움의 공간이 되어주고 있습니다.

프랑스의 미국인을 위한 음악 학교, 퐁텐블로 미국 콘서바토리

1917년 6월 13일, 미국 육군의 존 조지프 퍼싱 장군은 프랑스의 항구 도시 불로뉴쉬르메르에서 미국 원정군의 첫 여정을

1921년, 미군 장군 퍼싱은 퐁텐블로 음악학교를 설립했습니다

시작했습니다. 제1차 세계대전 당시, 미국은 독일 제국에 맞
서기 위해 프랑스로 수많은 병력과 자원봉사자를 파견했는
데요. 이들이 바로 그 미군 원정군이었지요.

같은 해 겨울에는 약 7,500명의 미군이 프랑스에 도착했
고, 이후 그 수는 빠르게 늘어났습니다. 군의 규모가 커지면

서 원정군은 프랑스 현지에 필요한 여러 생활 기반 시설들을 자체적으로 마련했는데요. 군인들이 사용할 수 있는 전화국, 전신국, 신문사, 경찰서, 병원, 감옥 등 미국의 법과 행정 시스템에 기반한 각종 기관이 차례로 구축되었습니다. 이렇게 체계가 잡히며, 1918년 1월에는 약 15만 명, 그리고 그해 말에는 200만 명에 가까운 미군이 프랑스에서의 생활을 시작하게 되었지요.

이 시기 퍼싱 장군은 군인들의 정서적 안정과 사기 진작을 위한 방안 중 하나로 군악대원을 위한 음악학교 설립을 추진했습니다. 이 프로젝트는 유럽 태생이지만 미국에서 활동했던 지휘자 발터 담로슈, 프랑스 작곡가이자 음악 교육가였던 프란시스 카사드시의 주도 하에 진행되었고요. 이외에도 프랑스의 음악가들이 이곳을 찾아 미국에서 건너온 젊은 병사들에게 음악을 가르치며 그들의 예술적 잠재력을 북돋았습니다. 이 음악학교가 훗날 정식 교육 기관으로 발전하면서 탄생한 곳이 바로, 오늘날까지 명맥을 이어오고 있는 퐁텐블로 미국 콘서바토리Conservatoire américain de Fontainebleau입니다.

제1차 세계대전 중 생겨난 퐁텐블로 미국 콘서바토리

프랑스에 머물던 미군 군악대원들은 현지의 음악가들에게 체계적인 음악 수업을 받았습니다. 오케스트라 합주 수업부터 개인별 악기 레슨까지, 시간이 허락하는 한 최대한 많은 교육을 받으며 음악을 익혀나갔지요.

이러한 소식이 알려지자, 프랑스를 대표하던 여러 음악계 인사들이 이곳에 관심을 갖고 후원을 시작했습니다. 그중에는 당시 프랑스 음악의 거장으로 존경받던 카미유 생상스도 있었지요. 그들은 조국을 지키기 위해 먼 길을 건너온 미국의 젊은 군인들이 프랑스 음악을 배우고자 하는 열정에 깊이 감동했고, 이들을 진심으로 환영했습니다.

그러던 중, 마침내 제1차 세계대전의 종전이 선포되었습니다. 프랑스 음악가들이 미국 군악대원들에게 음악을 가르쳐주며 그려낸, 음악 역사상 가장 아름다운 만남 가운데 하나였던 이 학교의 운명도 막을 내릴 시간이 된 것이지요. 그러나 사람들의 노력 덕분에 이곳은 해산되지 않고 새로운 방식으로 이어지게 됩니다. 바로 미군이 아닌 일반 미국의 일반 학생을 위한 교육기관으로 다시 태어난 것이지요.

1921년, 이 학교는 미국 콘서바토리라는 이름으로 정식 개교하게 되었고요. 루이 15세가 거처했던 퐁텐블로 궁전에

서 여름 학기만 운영하는, 지금으로 치면 예술계 썸머스쿨의
형태로 출발했습니다. 피아노, 바이올린, 첼로, 작곡, 지휘 등
의 음악 전공을 중심으로 수업이 이루어졌고요. 이후 2년이
지나면서 미술 교육 프로그램까지 더해져 점차 그 규모를 넓
혀 나갔습니다. 1926년에는 정식 명칭도 퐁텐블로 음악·예
술학교The Fontainebleau Schools of Music and Fine Arts로 바꾸고, 음악과
미술을 함께 배우는 종합 예술 교육 기관으로 발전하게 되었
습니다.

　이런 흐름은 미국 예술계의 황금기와도 맞물렸고, 학교
의 위상 또한 점차 높아졌습니다. 개교 첫해에는 약 300명의
학생이 등록했고, 불과 10년 만에 3,000여 명의 졸업생을 배
출하며 눈에 띄는 성장세를 보였지요. 이는 미국에서 온 학
생들의 열정만으로는 가능하지 않았던 일입니다. 프랑스 현
지의 교수진이 그만큼 헌신적으로 학생들에게 프랑스 음악
의 전통을 전해주었기 때문에 가능한 성과였지요.

미국 현대 음악을 이끈 나디아 불랑제의 제자들

참고로 이곳 출신 중에는 훗날 미국 현대 음악사의 중심을
이룬 거장들이 여럿 포함되어 있습니다. 대표적으로는 작곡

1918년, 나디아 불랑제는 퐁텐블로 음악학교에서
미국 음악계를 이끈 제자들을 가르쳤습니다

가이자 지휘자, 피아니스트로 활동했던 에런 코플랜드를 들수 있습니다. 미국 음악 산업 발전에 엄청난 기여를 한 인물이지요. 뮤지컬 〈웨스트 사이드 스토리〉로 유명한 작곡가 레너드 번스타인도 퐁텐블로 출신이었습니다.

무엇보다 흥미로운 사실은, 미국 음악사의 두 거장이 한목소리로 손꼽은 스승이 바로 퐁텐블로에서 만난 나디아 불랑제였다는 점입니다. 불랑제는 프랑스를 대표하는 음악 교육자로, 무려 30년 가까운 세월 동안 퐁텐블로 미국 콘서바토리의 원장을 맡으며 수많은 제자를 양성했습니다.

사실 그는 원래 작곡가가 되기 위한 준비를 누구보다 열심히 한 인물이었습니다. 그의 동생인 릴리 불랑제는 여성최초로 로마 대상 작곡 부문을 수상한 인물이었는데요. 릴리가 젊은 나이에 세상을 떠난 뒤, 나디아는 스스로 작곡가의길을 내려놓고 교육자의 삶을 선택했습니다. 그 선택은 절대단순하지 않았을 테지요.

그의 교육 철학은 분명했습니다. 학생 개개인의 개성과재능에 맞춘 교육, 그리고 장르나 전통에 얽매이지 않고 좋은 음악을 듣고 나누는 감각을 기르는 일이 중요하다는 것이었지요. 그의 가르침을 받고 미국으로 돌아간 수많은 제자들이 미국의 음악을 새롭게 써 내려간 것은, 어쩌면 너무나 자연스러운 결과였는지도 모르겠습니다.

퐁텐블로 성에서 열렸던 왕비 레슈친스카의 음악회

1939년, 제2차 세계대전이 발발하며 퐁텐블로도 큰 위기를 맞이하게 되었습니다. 전쟁의 혼란을 피해 학교는 종전 시기까지 미국에서 여름 학기 과정을 임시로 운영했고요. 이후 평화를 되찾은 유럽으로 돌아와, 오늘날까지도 매년 여름이면 퐁텐블로 성에서 영어를 사용하는 전 세계 학생들을 대상으로 프랑스식 음악 교육을 제공하고 있습니다.

참가한 학생들은 한 달 동안 퐁텐블로 성 근처의 도미토리 혹은 현지 주민의 집에서 머물며, 프랑스의 교수진에게 개별 레슨과 실내악, 작곡, 음악 이론 등 다양한 예술 수업을 수강합니다. 프로그램의 중반부터는 교수진과 학생들이 함께 무대에 오르는 연주회를 준비하게 되지요. 그렇게 뜨거운 배움과 교류의 시간이 흐른 뒤, 마지막은 참가자들의 연주회로 막을 내리게 됩니다.

매년 여름이면 음악 학교로 다시 태어나는 퐁텐블로 성. 어쩌면 이곳은 오래전부터 음악을 사랑하는 사람들과 각별한 인연이 있는 장소인지도 모르겠습니다. 퐁텐블로 성을 각별히 아꼈던 루이 15세의 왕비 마리 레슈친스카도 그런 인물 중 하나인데요. 폴란드 출신의 마리 왕비는 프랑스에서 가장 긴 시간 동안 왕비의 자리에 있었던 인물이자, 평소 작곡과

♪

1754년, 나티에르가 그린 프랑스의 앤 앙리에트 초상.
첼로 연주 모습이 담겨 있습니다

연주를 즐기던 음악 애호가였습니다.

그녀는 퐁텐블로 성에서 2주마다 손님을 초청해 '그랜드 콘서트'를 열었고, 무대가 아닌 궁전 곳곳에서 오페라와 발레 음악이 울려 퍼지는 자신만을 위한 음악회를 즐기기도 했습니다. 이를 위해 마리 왕비는 궁전 내부를 실내악 감상에 어울리도록 직접 꾸미고, 음향 효과를 고려해 장식이나 구조를 세심하게 수정했다는 기록도 전해집니다.

이처럼 미군 원정대의 군악대를 위해 마련한 작은 음악 수업이 음악사의 일부로 이어진 일, 음악을 사랑하는 이들이 두 차례의 세계대전을 넘어 오늘날까지 퐁텐블로 성에 모여 여름을 함께 보내는 일, 그리고 약 300년 전 퐁텐블로 성에서 음악을 일상처럼 살아낸 마리 왕비의 이야기까지. 하나하나 살펴보면 신기하지 않은 인연이 없습니다. 앞으로도 퐁텐블로 음악·예술 학교가 이 특별한 전통을 지켜가며, 음악을 향한 배움과 열정이 끊이지 않기를 진심으로 바라봅니다.

20세기 클래식 음악회의 틀:
지휘자, 바통, 포디엄

검은색 연주복을 입은 오케스트라 단원들이, 마찬가지로 검은색 연주복을 갖춰 입은 지휘자를 바라보며 연주에 혼신의 힘을 다하는 장면은 오늘날 우리가 클래식 음악회에서 흔히 접할 수 있는 모습 중 하나입니다. 그런데 조금 이상하지 않으신가요?

모차르트의 교향곡 악보, 더 구체적으로는 오케스트라 전체의 악보인 '총보總譜'를 살펴보면 지휘자에 대한 어떠한 지시도 적혀 있지 않습니다. 베토벤의 교향곡 총보에도 마찬가지입니다. 그런데 이들 작품이 연주되는 현대의 무대 위에는 늘 지휘자가 존재하지요. 심지어 음악회뿐 아니라 녹음을 위한 연주에서도 지휘자는 반드시 등장합니다.

도대체 어떻게 된 일일까요? 작곡가가 요청하지도 않았고, 악보 어디에도 등장하지 않는 이 인물이, 왜 무대의 중앙에서 음악을 이끌고 있을까요? 그들은 어떤 악보를 보고 지휘를 하는 것일까요? 더 근본적으로는 왜 '지휘자'라는 존재가 필요한 걸까요? 사실 이 질문에 대한 답은 생각보다 단순합니다. '지휘자의 역할이 실제로 필요했기 때문에, 지휘자라는 존재가 등장하게 된 것'이지요.

악보에 없는 음악, 리듬을 주는 자

서양 음악사의 다양한 역사적 사료를 바탕으로 음악학자들이 내린 결론 중 하나는, 음악을 함께 연주하기 시작한 시점부터 지휘자의 역할을 맡은 인물이 분명히 존재했을 것이라는 점입니다. 고대 그리스에서도 합창을 이끄는 사람이 있었으며, 중세 시대의 교회 음악 속에서도 손짓을 통해 성가대를 조율했던 흔적이 기록으로 남아 있습니다.

지휘에 관한 가장 구체적인 기록은 기원전 709년경 고대 그리스의 '파트라이의 페르키데스Pherekydes of Patrae'라는 인물로부터 시작되는데요. 그는 '리듬을 주는 자'로 불리며 인류 최초의 지휘자 역할을 한 인물로 전해집니다. 금으로 만든 지팡이를 들고 800명의 연주자를 이끌었다는 기록이 남아 있는데요. 다만 오늘날의 지휘자처럼 지휘봉으로 음악을 이끄는 것이 아니라 지팡이로 바닥을 쿵, 쿵 찧는 방식으로 일종의 박자를 맞추는 역할을 했던 것으로 추정합니다. 이 방식이 수어 세기 동안 지휘자의 역할이었습니다.

서양 음악이 발전함에 따라 작품의 규모도 점차 커졌고, 이에 따라 지휘자의 필요성도 더욱 커졌습니다. 특히 독주가 아닌 여러 연주자가 함께하는 합주에서는, 음악의 흐름과 호흡을 통합적으로 조율할 수 있는 인물이 절실했지요. 앞선 시기인 르네상스와 바로크 시대에는 따로 지휘자가 존재하지 않았고, 보통 연주자 중 한 명이 리더로서 연주를 이끌었습니다. 주로 바이올리니스트나 키보드 연주자가 중심이 되어 고갯짓이나 손짓, 또는 지팡이로 박자를 제시하며 다른 연주자들에게 템포와 다이내믹을 전달하는 식이었습니다. 당시 활동했던 작곡가들은 자신의 작품을 연주할 때 직접 무대 위에 올라 지휘를 맡는 경우도 많았습니다. 아무래도 작곡가 본인이 작품을 가장 잘 이해하고 있었기 때문이지요.

오늘날과 같은 전문 지휘자의 개념이 정착된 것은 17세기 이후의 일입니다. 프랑스의 '태양왕' 루이 14세를 위해 음악 활동을 했던 장 바티스트 륄리는 지휘자 역할을 하던 중 지팡이로 바닥을 찧다 실수로 발을 찔러 상처를 입었고, 그 상처가 악화되어 결국 생을 마감하게 되었다는 일화가 전해집니다. 사실 여부를 증명할 수는 없지만, 그가 세상을 떠난 이후부터 차츰 음악회에서는 지팡이 대신 지휘봉이 사용되기 시작했습니다. 물론 이 시기의 지휘자도 아직은 음악 전체를 해석하고 통합하는 역할보다는 템포와 리듬을 맞춰나가는 역할에 가까웠지만요.

고전주의, 낭만주의, 후기 낭만주의를 거치는 동안, 작곡가가 곧 지휘자였던 관행은 이어졌습니다. 지휘자가 독립적인 전문 역할로 자리 잡기까지는 시간이 더 필요했지만,

　　　　　제7장. 20세기 음악

시대의 흐름 속에서 지휘라는 역할은 점점 더 정교해지고, 예술적 해석의 영역까지 확대되어 갔지요.

지휘봉과 포디엄의 등장

18세기 후반부터 오케스트라의 규모가 점차 커지기 시작했습니다. 이는 베토벤의 교향곡들이 활발하게 연주되던 시기와도 맞물리는데요. 이때부터는 기존의 지휘 방식으로는 음악을 이끌기가 어려울 정도였습니다. 연주자가 많아질수록 손짓이나 눈빛만으로 박자와 타이밍을 정확히 맞추는 데에는 한계가 있었기 때문이지요. 이러한 변화는 곧 전문 지휘자의 등장을 불러왔습니다. 당시 유럽에서 활동하던 작곡가나 기악 연주자 중 일부가 연주를 직접 이끌며 지휘자의 역할을 맡기 시작했고, 이와 함께 오늘날의 지휘자에게 익숙한 도구, '지휘봉'이 등장하게 됩니다.

1820년경 독일의 작곡가이자 지휘자였던 루이스 슈포어는 연주자들과의 정확한 의사소통을 위해 가늘고 긴 막대기 형태의 지휘봉을 사용하기 시작했는데요. 그의 시도는 곧 유럽 전역으로 빠르게 확산되며 지휘의 전통을 새롭게 써 내려가는 계기가 되었습니다. 그리고 19세기 중반에 이르러서

헥토르 베를리오즈는 오늘날 지휘자의 역할을 만든 지휘자 중 한 사람입니다

는 비로소 오늘날 우리가 떠올리는 '지휘자'의 개념이 자리 잡게 됩니다. 단순히 박자와 타이밍을 전달하는 기능을 넘어, 작곡가의 시선으로 악보를 해석하고, 연주자들과 함께 음악적 흐름과 감정을 만들어가는 예술 감독의 역할을 맡게 된 것이지요.

특히 독일의 펠릭스 멘델스존과 프랑스의 엑토르 베를리오즈는 지휘라는 분야를 하나의 독립된 예술로 정립한 인

제7장. 20세기 음악

물들입니다. 이들은 단순한 연주 지도자를 넘어, 무대 위에서 음악 전체의 분위기와 서사를 책임지는 창조자로서의 지휘자 상을 그려나갔고요. 이 시기부터 '포디엄 Podium'이라 불리는 지휘대도 함께 등장합니다. 모든 연주자가 지휘자를 자세히 볼 수 있도록 지휘자가 한 단 높은 곳에 올라 연주를 이끌도록 한 것이지요. 그렇게 '지팡이로 바닥을 두드리던 음악의 리더'는 점차 지휘봉을 든 예술 감독으로 자리 잡게 된 것입니다.

바그너가 쏘아 올린 연주회의 정석

클래식 연주회에서 중요한 에티켓은 '조용함을 유지하는 것'입니다. 연주 중은 물론, 악장과 악장 사이에도 박수를 삼가고, 모든 연주가 끝난 뒤에야 박수를 보내는 것이 관례로 여겨지고 있지요. 그러나 이러한 연주회의 매너가 정착된 것은 생각보다 그리 오래된 일이 아닙니다.

18세기까지의 음악회는 오늘날과는 매우 다른 분위기에서 이루어졌습니다. 당시 음악회는 일종의 사교의 장이자 친목을 위한 모임으로 기능했는데요. 귀족이나 왕족이 주최한 음악회에서는 초대받은 손님들이 음악을 들으며 서로 담소를 나누거나, 연주 중에도 자유롭게 움직이는 일이 흔했습니다. 말하자면, 음악은 그 자리를 채우는 배경음악과 같은 역할을 했던 것이지요.

하지만 19세기에 접어들며 음악회의 풍경은 점차 변화하기 시작했습니다. 음악회는 사전에 정해진 프로그램대로 질서 있게 진행되었고, 관객의 몰입을 돕기 위해 공연장 안의 조명을 어둡게 만들었습니다. 연주 중간의 박수를 자제하는 문화도 이 시기에 본격적으로 자리 잡게 되었지요.

이러한 연주회 매너의 변화를 주도한 대표적인 인물이 바로 리하르트 바그너입니다. 바그너는 공연을 예술의 총체적 경험으로 여겼고, 관객들이 오롯이 음악에 몰입하길 원했습니다. 이를 위해 그는 공연 중 관객의 이동을 제한하고, 극장 전체를 어둡게 만들었으며, 음악이 완전히 끝나기 전에는 박수를 삼가도록 요청했습니다. 그의 철저한 연출 방식은 이후 유럽 전역에 영향을 미치며 오늘날까지 이어지는 음악회의 기본 에티켓이 되었습니다.

또한 바그너의 영향을 받아 활약한 독일의 음악가 한스 폰 뷜로는 서양 음악사에서 최초의 전문 지휘자 중 한 명으로 꼽히는데요. 그는 오케스트라 연주회를 체계적으로 구성하는 데 크게 기여했습니다. 특히 그는 서곡, 협주곡, 교향곡 순서로 연주하는 음악회 프로그램의 기틀을 확립했는데요.

바그너는 박수를 금지하고 공연장을 어둡게 해 현대 음악회의 전형을 만들었습니다

이는 청중으로 하여금 자신들이 체계적인 공연을 감상하고 있다는 인상을 주었고, 마침내 오늘날까지 전해지는 음악회의 전통이 되었습니다.

에디슨이 발명한 새로운 음악

발명가 토머스 에디슨은 1877년 자신의 실험실에서 전신 신호를 기록하는 장치를 연구하던 중이었습니다. 그러던 중 문득 떠오른 호기심에 자신의 목소리를 전신 신호 대신 장치에 입력했고, 뜻밖에도 그 목소리가 기록되는 현상을 목격하게 되었습니다. 같은 해 11월, 몇 달의 연구 끝에 에디슨은 소리를 저장하고 다시 재생하는 원리에 대한 구체적인 개념을 발표했고요. 전 세계는 이 혁신적인 아이디어에 찬사를 보냈습니다. 이전까지는 상상조차 어려웠던, '소리를 기록하는 기술'이 인류 역사상 처음으로 등장한 순간이었지요. 이듬해인 1878년 2월 19일, 에디슨은 이를 실물 기계로 구현한 최초의 포노그래프Phonograph, 일명 '말하는 기계'를 공개합니다.

그때까지 음악은 오직 두 가지 방식으로만 존재했습니다. 하나는 우리가 직접 듣는 순간에만 존재하는 소리로서의 음악이었고, 다른 하나는 악보에 기록된 음표들이 이루는 음악이었지요. 그런데 에디슨의 녹음 기술이 등장하면서 음악은 제3의 방식으로 존재할 수 있게 됩니다. 바로 '소리를 저장한 물리적 기록물'로서의 음악이었지요. 이제 음악은 감상이 아닌 소유의 대상이 되었고, 언제 어디서든 재생할 수 있는 '기록된 예술'로서 새로운 장을 열게 되었습니다.

에디슨의 녹음 기술은 음악의 존재 방식을 근본적으로 바꾸어놓았습니다. 당시 전 세계적으로 확산되던 산업화와 자본주의의 흐름 속에서, 녹음 기술은 누구나 향유 할 수 있는 '대중의 음악'을 가능하게 했고요. 실연實演을 직접 들을 수 없던 이들에게도 음악을 감상할 수 있는 기회를 제공했습니다. 이로 인해 탄생한 세계적인 팬덤과 음악 산업은 비틀즈부터 BTS에 이르기까지 전 세계적 인기와 문화적 영향력을 만들어냈습니다.

클래식 음악계에서도 이 변화는 대단히 의미 있었습니다. 세계 최초로 음반 시장에서 큰 성공을 거둔 이탈리아 테너 엔리코 카루소의 사례가 대표적이지요. 그의 녹음 음반은 20세기 초 클래식 음반 시장을 형성하는 데 결정적인 역할을 했고, 이후 여러 클래식 거장의 녹음이 가능해지면서 더 많은 사람이 이 음악을 즐길 수 있는 길이 열렸습니다. 최근에는 피아니스트 임윤찬의 음반이 세계적인 판매고를 올리며 다시금 클래식 녹음의 가능성과 시장성을 증명해 보이기도 했지요.

에디슨의 녹음 기술은 음악 산업뿐 아니라 인류 문화의 보존에도 커다란 영향을 미쳤습니다. 이를 잘 보여주는 예가 1999년 유네스코 세계기록유산으로 등재된 '세계 전통음악의 초기 실린더 기록물'입니다. 이 기록물은 1893년부터

1952년까지 약 60년에 걸쳐 전 세계에서 수집된 3만여 건의 녹음 자료를 포함하고 있는데요. 인류학자, 음악가, 언어학자, 고고학자, 음악민속학자 등 다양한 전문가가 참여해 수집한 이 자료에는 각 지역의 전통음악과 구술 문화, 그리고 제1차 세계대전 당시 독일의 포로수용소에서 수감자들이 남긴 소리 기록 등이 포함되어 있습니다. 이처럼 녹음 기술은 단순히 소리를 저장하는 도구를 넘어, 인류의 역사와 기억을 간직하는 중요한 매개체로 자리매김했습니다.

브람스와 차이콥스키를 사로잡은 새로운 음악

에디슨이 녹음 기술의 원리를 발견한 지 약 20년 뒤, 오늘날의 축음기로 이어지는 구체적인 성과들이 하나둘 등장하며 기술은 점차 발전해 나갔습니다. 에디슨은 미국 뉴저지 근처에 위치한 자신의 연구소에서 기계공들과 함께 소리를 녹음하고 재생하는 장치를 본격적으로 개발해 나갔고요. 여러 시행착오 끝에 그의 축음기는 왁스로 코팅된 판지 실린더를 재생하는 방식으로 완성되었습니다.

한편, 비슷한 시기에 미국의 또 다른 발명가 에밀 베를리너는 에디슨의 녹음 및 재생 기술에 착안해 대량 생산이 가능한 형태의 둥글고 납작한 디스크를 개발했습니다. 이 디스크는 에디슨의 왁스 실린더보다 음질은 떨어졌지만, 생산과 유통이 훨씬 용이하다는 장점이 있었지요. 그의 디스크는 이후 CD, DVD, 블루레이 등 현대의 디지털 저장 매체로 이어지는 중요한 기술적 계보의 출발점이 되었습니다.

에디슨의 축음기가 유럽에 본격적으로 알려진 계기는 1889년 5월부터 약 5개월간 파리에서 열렸던 만국 박람회였습니다. 당시 유럽에서는 에디슨의 축음기에 열렬한 반응과 차가운 시선이 공존했는데요. 특히 클래식 음악의 전통을 중시하던 이들에게 녹음과 재생이라는 개념은 다소 이질적이고 낯선 시도로 받아들여졌습니다.

그럼에도 이 새로운 기술에 관심을 보였던 음악가들도 있었습니다. 대표적인 인물이 바로 요하네스 브람스입니다. 에디슨의 녹음 엔지니어로 활약했던 아델베르트 방게만은 브람스에게 직접 축음기를 소개하고, 그의 연주를 녹음해 보자고 제안했습니다. 흥미를 느낀 브람스는 직접 녹음 작업에 참여했죠. 그가 선택한 곡은 자신이 작곡한 〈헝가리 무곡 1번, G장조〉였습니다. 녹음의 시작에는 "안녕하세요, 나는 브람스 박사입니다"라는 인사말이 담겨 있습니다. 이 녹음은 왁스로 덮은 장치를 사용해서 보존성을 높였지만, 안타깝게도 음질은 그다지 좋지 않아 브람스의 목소리와 연주를 선명하게 들을 수는 없습니다.

에디슨의 축음기에 열광한 또 다른 음악가는 표트르 차이콥스키였습니다. 그는 에디슨의 친구이자 러시아의 기업가, 음악가, 학자였던 율리우스 블록의 초대로 축음기를 접하게 되었는데요. 블록은 1888년 러시아에 축음기를 들여온 뒤, 당대 러시아의 위인들과 함께 녹음 프로젝트를 진행했습니다. 레프 톨스토이, 안톤 아렌스키, 세르게이 타네예프, 차이콥스키 등 많은 인물이 참여했고요. 그중 누구보다 에디슨의 축음기를 마음에 들어했던 차이콥스키는 1889년 10월 블록이 제작한 녹음에 다음과 같은 추천사를 남겼습니다.

"축음기는 의심할 여지 없이 19세기에 경의를 표하는 모든 발명품 중에서 가장 놀랍고, 가장 아름답고, 가장 흥미로운 발명품입니다! 위대한 발명가 에디슨에게 영광을!"

타임머신 타고 라흐마니노프의 연주를!

전설적인 피아니스트로 회자되는 세르게이 라흐마니노프의 연주를 우리는 오늘날 실제로 들을 수 있습니다. 1919년, 그는 빅터 레코드와 전속 계약을 맺고 여러 음반을 녹음했는데요. 비록 녹음 기술의 한계로 인해 음질은 지금 기준에서 아쉬운 수준이지만, 한 시대를 풍미했던 피아니스트의 실연을 들을 수 있다는 것 자체가 후대에 더없이 소중한 음악적 유산이 아닐 수 없습니다.

녹음과 재생 기술이 등장한 덕분에 오늘날 우리는 원하는 시간에, 원하는 장소에서 자유롭게 음악을 들을 수 있게 되었습니다. 과거에는 음반과 재생 장치를 별도로 구입해야만 했던 시절도 있었지만, 지금은 인터넷만 있다면 거의 모든 음악을 손쉽게 감상할 수 있는 시대에 살고 있지요. 이렇게 음악과 가까이할 수 있는 삶을 누릴 수 있음에 감사한 마음이 절로 듭니다.

물리학자 스티븐 호킹은 인류의 오랜 꿈인 타임머신의 실현 가능성에 대해 '절대 불가능하다'는 결론을 내린 바 있

1889년 브람스가 아델베르트 방게만과 함께 녹음한 에디슨 실린더 녹음입니다. "안녕하세요. 나는 브람스 박사입니다"라고 인사하는 그의 음성을 들을 수 있습니다

1910년 에디슨 엠버롤 501로 녹음된 지휘자 빅터 허버트와 그의 오케스트라가 연주하는 차이콥스키의 〈슬라브 무곡, Op.31〉입니다

습니다. 하지만 축음기에서 시작된 녹음의 세계를 떠올려보면, 우리는 어쩌면 다른 방식의 타임머신을 이미 갖고 있는지도 모르겠습니다. 누군가가 과거의 어느 순간에 남긴 연주를 오늘 우리가 다시 들을 수 있다는 것, 그것은 음악이 선사하는 특별한 시간 여행일지도요. 평생 약 2,500개의 특허를 출품했던 에디슨의 수많은 발명품 중 단방향 타임머신이 숨겨져 있었던 걸, 이제야 알게 된 기분입니다!

마성의 러시아 음악가들

오늘날 클래식 음악계에는 단순하지만 매우 효과적인 하나의 전통적인 기획 방식이 자리 잡고 있습니다. 바로 다가오는 해의 연도와 작곡가의 생몰년을 연결해 음악회를 구성하는 방식인데요. 예를 들어, 해당 연도가 작곡가의 탄생 200주년 혹은 서거 150주년과 같은 기념일과 맞물린다면, 이를 기점으로 그 작곡가를 조명하는 기획 공연이 자연스럽게 이루어집니다. 물론 이러한 기획은 다른 문화예술 분야에서도 종종 볼 수 있지만, 특히 클래식 음악계에서는 빼놓을 수 없는 현상입니다. 무엇보다도 다른 방식에 비해 유료 관객 비율이 높기 때문이지요.

가령 지난 2023년은 러시아를 대표하는 작곡가이자 피아니스트, 지휘자로 활약했던 세르게이 라흐마니노프가 태어난 지 150주년이 되던 해였습니다. 라흐마니노프의 음악은 해마다 전 세계에서 사랑받으며 연주되고 있지만, 특히 2023년은 유독 그의 작품이 자주 무대에 오르는 한 해였지요. 〈교향적 무곡, Op.45〉, 〈피아노 협주곡 2번 c단조, Op.18〉, 〈피아노 협주곡 3번 d단조, Op.30〉 등 그의 대표작이 세계 곳곳에서 집중적으로 연주되었고, 덕분에 러시아 음악에 대한 관심도 한층 높아졌습니다.

러시아의 작곡가들은 유럽 대륙의 작곡가들과는 다른 매력을 지니고 있습니다. 지리적 특성과 문화적 배경의 차이에서 비롯된 결과일 텐데요. 흔히 러시아 음악을 민족주의적 성향이 짙거나 러시아 고유의 색이 짙다는 식으로 표현하기도 하지만 그 정도로는 러시아 음악의 매력을 10분의 1도 소개할 수 없습니다. 필자는 개인적으로 '마성을 지녔다'는 표현이 러시아 음악을 가장 잘 설명해주는 말이 아닐까 생각합니다.

러시아 음악이 남긴 유산은 오늘날까지도 찬란하게 빛나고 있습니다. 특히 '러시아 5인조'라 불리는 밀리 발라키레프, 세자르 쿠이, 알렉산더 보로딘, 모데스트 무소르그스키, 니콜라이 림스키코르사코프의 활동은 민족주의 음악 양식을 통해 러시아만의 색을 확립했을 뿐 아니라, 서양 음악 어법과의 균형을 어떻게 잡아야 할지에 대한 창의적인 고민의 흔적을 남기기도 했습니다. 이러한 흐름 속에서 차이콥스키는 그와는 또 다른 방식으로 러시아 음악의 지평을 넓혀갔고요. 이들이 남긴 음악적 자취는 단순히 러시아 음악의 범주를 넘어, 오늘날 세계 클래식 음악계를 구성하는 중요한 기둥 중 하나로 자리 잡고 있습니다.

이념이 파괴한 예술들

오늘날 러시아 북서부 지역에 해당하는 카렐리야Karelia의 한 고대 무덤에서는 파이프, 드럼, 종 등으로 추정되는 악기들이 함께 묻혀 있었다는 기록이 전해집니다. 이것이 현재까지 알려진 가장 이른 시기의 러시아 음악에 대한 흔적이지요. 1479년에는 모스크바공국의 이반 3세가 창설한 것으로 추정되는 성직자 합창단이 등장했는데요. 이 합창단은 오늘날 러시아가 자랑하는 상트페테르부르크 국립 카펠라 합창단으로 이어지게 되었지요. 이후에도 러시아는 유럽의 다른 나라들과 마찬가지로 점진적인 음악적 발전을 이루어 나갔습니다.

18세기부터는 러시아의 왕실과 귀족들 사이에서 유럽의 음악가들을 초청하는 문화가 유행처럼 번졌습니다. 유럽 대륙이나 섬나라 영국의 왕실에서 예술가들을 자국으로 불러들여 선진 예술을 접하고자 했던 것처럼요. 당시 러시아에 음악가가 없었던 것은 아니지만, 유럽 음악의 본고장에서 온 음악가들과 함께 연주회를 여는 것은 곧 고급 문화를 향유하는 방식으로 여겨졌습니다. 가령 프랑스의 작곡가 클로드 드뷔시는 파리 음악원 재학 시절, 러시아의 철도 재벌 가문의 여름휴가에 동행하여 피아노를 연주했습니다. 당시 드뷔시가 받은 대가는 파리에서 수년간 활동해도 벌기 어려운 액수였다고 전해지지요.

러시아에서 본격적으로 자국 출신 음악가들이 활약하기 시작한 것은 음악 교육 기관이 생겨나면서부터입니다. 그러나 이러한 음악적 진전은 1917년 10월 혁명 이후로 정체되기 시작합니다. 이듬해 인민위원회는 음악부를 설치하며 예술가와 학자들을 이념과 무관하게 보호하겠다는 선언을 발표했지만, 실제로는 음악 출판사와 교육 기관이 모두 국유화되며 음악가들이 자유롭게 창작하고 활동할 수 있는 환경은 사실상 사라져 버렸습니다.

심지어 이 시기 러시아에서는 세계 최초로 '지휘자 없는 오케스트라'가 결성되기도 했습니다. 평등의 이상을 오케스트라에서 실천하려는 의도로 조직된 이 단체는 정치적인 상징성을 지니고 있었지요. 이들은 커다란 원을 그리고 앉아 서로의 눈빛과 몸짓을 통해 박자를 맞추며 연주했습니다. 약 10년간 활동했던 이 오케스트라는 결국 정치적인 이유로 해산되었고, 이상과 현실 사이의 간극만을 남겼습니다.

떠나거나 남아있거나 다시 돌아가거나!

이런 상황에서 일부 음악가들은 조국을 떠나는 결정을 했습니다. 정치적 탄압과 예술 활동의 제한 속에서 자유를 찾아 망명을 택한 것이지요. 반대로 체제 안에서 살아남기 위해 노력하거나 다시 돌아와 자신의 역할을 하고자 한 사람도 있었고요.

러시아에서 가장 정치적인 음악가로 자주 언급되는 드미트리 쇼스타코비치는 조국을 떠나지 않고 평생 소련 체제 안에서 활동한 대표적인 작곡가입니다. 그는 소비에트 연방 최고 훈장인 사회주의 노동영웅(1966), 레닌 훈장 3회 수훈(1946, 1956, 1966), 10월 혁명 훈장(1971), 소련 인민예술가 칭호(1954) 등 화려한 경력을 남겼습니다. 그러나 정작 그는 자신이 음악을 시작한 이후로 늘 비판을 받았다는 말로 억울함을 토로했지만, 글쎄요. 물론 역사는 언제나 한쪽의 시선만으로 판단할 수 없지만 쇼스타코비치가 받은 훈장 목록을 접하고 나면 많은 이들이 비슷한 의문을 품게 되는 것도 사실입니다. 그럼에도 그가 남긴 수많은 작품은 20세기 러시아 음악을 대표하는 유산으로 손꼽히며 오늘날까지도 널리 연주되고 있습니다.

조국을 떠나야 했던 음악가들도 많았습니다. 라흐마니노프는 스위스를 거쳐 미국으로 망명했는데요. 그에겐 유명한 일화가 하나 있습니다. 그는 미국에서 생활하며 영어를 사용했지만, 서명할 때만큼은 반드시 러시아어로 서명했다고 하지요. 어쩔 수 없이 떠나야 했던 조국에 대한 그리움과 애틋한 향수가 느껴지는 장면입니다.

〈불새〉로 잘 알려진 작곡가 이고르 스트라빈스키도 러시아를 떠난 인물입니다. 2월 혁명 이후 프랑스로 이주했으며, 이후 미국에서도 오랫동안 활동했습니다. 또 다른 그의 대표작 〈봄의 제전〉은 20세기 음악의 새로운 전환점을 알린 걸작으로 평가받으며, 오늘날까지도 자주 연주되는 레퍼토리입니다.

반면 세르게이 프로코피예프는 미국으로 망명했다가 다시 러시아로 돌아온 작곡가입니다. 여러 갈등과 고민 끝에 조국을 선택한 것이지요. 공교롭게도 그는 1953년 3월 5일,

(좌로부터) 라흐마니노프, 쇼스타코비치, 프로코피예프는 러시아를 대표하는 음악가입니다

스탈린과 같은 날 세상을 떠났습니다. 당시 프로코피예프의 자택은 스탈린의 추모 행사가 열리던 장소 인근에 있었는데요. 거리에는 수많은 인파와 차량 행렬이 몰려 있었다고 하지요. 그 여파로 그의 시신은 건물 뒷문을 통해 어렵게 교회로 이송되었고, 장례식에는 가까운 지인 서른 명 정도만 참석할 수 있었다고 전해집니다.

작곡가뿐만 아니라 연주자들 역시 조국을 떠난 경우가 많았습니다. 전설적인 피아니스트 블라디미르 호로비츠는 서유럽을 거쳐 미국으로 망명해 세계적인 명성을 얻었고, 첼리스트 므스티슬라프 로스트로포비치 역시 미국에서 활동하다 훗날 조국으로 돌아와 활발한 연주 활동을 이어갔습니다. 이외에도 많은 음악가들이 유럽과 미국에서 연주와 교육 활동을 통해 러시아 음악을 널리 알리는 데 기여했습니다.

비록 고국을 떠난 삶이었지만, 그들은 작곡과 연주를 통해 러시아 음악의 깊이와 아름다움을 세계에 전했습니다. 그들의 음악적 여정은 단순한 개인의 성공을 넘어 러시아의 문화가 가진 매력을 전 세계에 알리는 데 큰 역할을 했습니다. 이들이야말로 러시아 음악을 통해 조국의 존재를 알린 일등 공신이라 할 수 있겠지요.

백인우월주의와 검은 베토벤

서양 음악사는 예술의 역사인 동시에 차별의 역사이기도 합니다. 신분과 지위에 따라 음악이 특정 계층의 전유물로 기능하던 시대는 생각보다 오래 지속되었습니다. 물론 인쇄술의 발달, 신분제도의 붕괴, 누구나 입장할 수 있는 공연장의 등장 등으로 음악은 점차 많은 사람과 공유되는 방향으로 나아갔습니다. 그러나 이처럼 사회적으로는 큰 변화가 있었음에도 클래식 음악계에서 '피부색'에 따른 차별은 비교적 최근까지도 완전히 해소되지 못한 채 이어지고 있습니다.

세계적인 역사를 자랑하는 유럽의 교향악단들을 살펴보면 이 사실은 더욱 분명해집니다. 2025년 현재, 독일 베를린 필하모닉 정식 단원 중 검은 피부를 가진 연주자는 단 한 명도 없습니다. 아시아 출신 단원도 전체 인원의 5%에 못 미치는 수준이지요. 오스트리아의 빈 필하모닉도 상황은 유사합니다. 정식 단원 중 흑인은 없고, 아시아 출신 단원 또한 1~2%에 그칩니다. 이는 영국의 런던 필하모닉 오케스트라도 마찬가지입니다. 유럽 클래식 음악계의 대표 주자라 할 수 있는 이들 오케스트라는 여전히 '다양성'이라는 단어와는 거리가 있어 보입니다.

그렇다면 미국의 경우는 어떨까요? 상대적으로 다양한

인종이 함께 살아가는 미국은 유럽보다는 조금 더 나은 상황입니다. 대표적으로 뉴욕 필하모닉의 클라리넷 수석을 맡고 있는 앤서니 맥길은 흑인 연주자로, 2014년부터 정식 단원으로 활약 중입니다. 유럽의 유서 깊은 오케스트라에서는 좀처럼 찾아보기 어려운 사례지요.

오케스트라 연주자가 아닌 솔리스트, 독주자들의 경우 연주자의 실력에 따라서 기회가 달라질 수 있습니다. 예를 들어, 1963년 당시 최고 피아니스트 중 한 명이었던 글렌 굴드의 대타로 뉴욕 필하모닉과 협연하면서 16세에 스타로 떠오른 앙드레 와츠는 흑인 피아니스트로서 대중의 주목을 받았습니다. 전 세계 무대에서 활약한 소프라노 제시 노먼 역시 젊은 시절, 피부색으로 인해 오페라 배역에서 차별받던 경험을 이야기하며 많은 공감을 얻기도 했습니다.

서양 음악사와 세계사 속 유색 인종에 대한 차별의 역사에는 말로 다 표현할 수 없는 참담한 일들이 존재했습니다. 그럼에도 사람에 의해 생겨난 무자비함은 시간이 흐르며 서서히 개선되었죠. 사회적 시선과 구조는 하루아침에 바뀌지 않지만, 시대를 앞서간 몇몇 사람들의 신념과 실천이 조금씩 세상을 바꿔온 것이 사실입니다. 그리고 그 변화는 아주 작은 걸음부터 시작되었지요.

이러한 문제는 음악을 둘러싼 제도와 문화, 역사적 관행에서 비롯되었기에 하루아침에 해소되기는 어렵습니다. 그렇기에 우리는 더욱 자주, 그리고 더 깊이 이 문제를 이야기해야 할 필요가 있습니다. 음악은 결국 모든 사람을 위한 예술이기 때문입니다.

음악 앞에서 누구나 평등하다

1998년 9월 18일 저녁, 미국 백악관에는 특별한 손님이 도착했습니다. 체코의 바츨라프 하벨 대통령 부부가 백악관을 방문한 것이지요. 당시 하벨 대통령 부부는 '밀레니엄 이브닝 렉처 시리즈'라는 특별한 문화 행사에 참석하기 위해 방미 중이었고, 이 행사에는 당시 미국 대통령이었던 빌 클린턴과 힐러리 클린턴 부부도 함께 자리했습니다. 이날 클린턴 대통령은 축사를 통해 음악의 힘과 문화 교류의 의미를 되새겼는데요. 그 연설 속에는 체코 출신 작곡가 안토닌 드보르자크의 이름이 등장합니다.

"1세기 남짓 전에 유명한 작곡가 안토닌 드보르자크가 우리 땅에 도착했습니다. 그는 처음 듣는 선율에 충격을 받았지요. 아프리카계 미국인의 음악, 블루스, 거리의 노래와 노동

자들의 노래까지. 그가 살던 유럽에서는 결코 들어본 적 없
는 음악이었습니다. 드보르자크는 그 새로운 미국의 사운
드를 듣고, '미국은 곧 자신만의 음악을 갖게 될 것'이라고
확신했습니다. 그리고 그 음악이 미국의 위대한 음악 유산
이 될 것이라 믿었습니다."

드보르자크는 대체 어떤 사람이었을까요? 그는 1892년
에 고국 체코를 떠나 미국으로 향합니다. 미국의 음악 후원
가이자 백만장자였던 지네트 서버의 초청을 받아 뉴욕의 미
국 국립음악원National Conservatory of Music of America 교수로 부임
한 것이지요.

그는 이곳에서 단순히 작곡가나 음악 교육자의 역할을
넘어, 교육의 문턱에서 차별을 겪는 이들을 위해 한 걸음 더
다가섰습니다. 특히 그는 음악에 재능이 있음에도 피부색 때
문에 교육 기회를 얻지 못했던 유색 인종 학생들의 현실에
깊이 공감했습니다. 이들을 위한 특별 입학 전형을 개설하
고, 경제적 부담을 덜 수 있도록 장학금까지 마련해 주었지
요. 그 결과, 그의 부임 이후 미국 국립음악원에는 유색 인종
학생의 입학이 눈에 띄게 늘어났습니다. 물론 이는 당시 미
국 전역에서 점차 이뤄지던 흐름의 일부이기도 하지만 드보
르자크의 적극적인 태도는 분명히 큰 변화를 이끌어낸 동력

이었지요.

드보르자크가 미국에 머무르던 시기는 미국 사회 전반에 '짐 크로 법'이 널리 퍼져 있던 시기였습니다. 이 법은 흑인과 백인의 '분리된 평등'을 표방했지만, 실제로는 차별과 배제를 정당화하는 제도였습니다. 유색 인종 학생들은 백인 학생들과 함께 공부할 수 없었고, 같은 식당이나 화장실도 사용할 수 없었지요. 음악 교육 역시 예외가 아니었습니다. 피부색 하나로 음악 교육의 기회조차 박탈당하는 현실은, 재능 있는 많은 이들이 꿈조차 꾸지 못하게 만들었습니다. 이러한 현실 속에서 드보르자크는 단호하게 말했습니다. '검은 베토벤'이 언젠가 반드시 나타날 것이라고요. 이 믿음은 단지 예언적 발언이 아니었습니다. 유색 인종 학생들과 함께 음악을 나누고, 그들의 가능성을 직접 경험하며 품게 된 확신이었지요.

그리고 이 시기의 경험은 그의 작품 세계에도 깊이 스며들었습니다. 대표적으로 〈교향곡 제9번 e단조, Op.95〉 '신세계로부터'와 〈현악 4중주 제12번 F장조, Op.96〉 '아메리카'는 미국에서의 시간 속에서 탄생한 작품입니다. 이 곡들에는 아프리카계 미국인의 영가나 민속 선율에서 영감을 받은 정서와 리듬이 녹아 있어, 드보르자크가 진정으로 꿈꿨던 '모두를 위한 음악'의 정신을 느낄 수 있습니다.

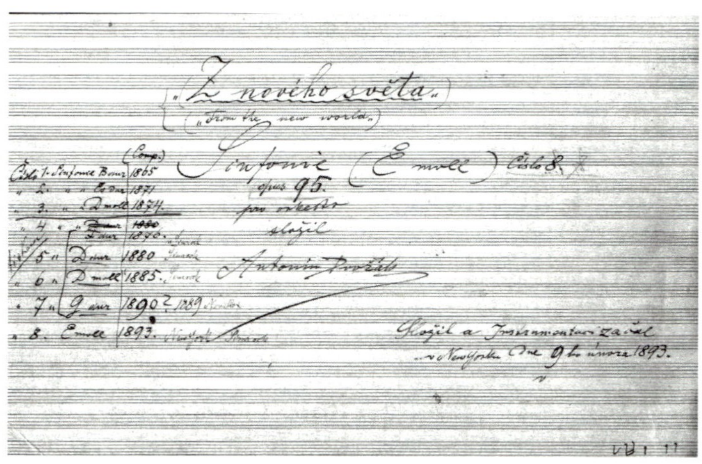

드보르자크는 미국 음악원 재직 중 흑인 전통음악에 영감받아
〈신세계로부터〉, 〈아메리카〉 등을 작곡했습니다

그의 음악을 듣다 보면, 단지 소리로만 감동을 주는 것이 아니라, 그가 살아온 삶의 태도와 그가 지향했던 음악의 철학까지도 고스란히 전해지는 듯합니다. 누구에게나 음악은 열려 있어야 하며, 음악은 사람을 잇는 다리여야 한다는 신념. 그것이 드보르자크가 미국에서 실천했던 음악가로서의 진정한 위대함이 아니었을까요?

내가 원하는 곳에서 일할 자유

영국에서의 음악 활동을 위해 영국인으로 귀화했던 헨델이 세상을 떠난 지 약 100년 뒤, 구스타프 말러가 태어났습니다. 만약 말러가 100년 전에 태어났다면 그가 해낸 음악적 성과들은 대부분 이룰 수 없었을 것입니다. 시대적 조건이 허락하지 않았기 때문이지요.

말러의 생애를 따라가 보면, 그의 활동 무대는 실로 광범위합니다. 오스트리아의 온천 도시 바트할을 시작으로 슬로베니아의 수도 류블랴나, 다시 오스트리아 빈, 체코의 올로모우츠, 독일의 카셀과 라이프치히, 프라하와 헝가리의 부다페스트, 함부르크, 그리고 미국 뉴욕까지. 그는 유럽과 미국을 오가며 여러 도시에서 음악 감독이나 지휘자로 활동했습니다. 말러가 살던 시절은 더이상 음악가가 국적을 바꾸지 않아도, 경계를 자유롭게 넘나들 수 있는 시대였던 것입니다. 말러는 헨델처럼 귀화할 필요가 없었고, 그로 인해 조국을 배신했다는 비난을 들을 일도 없었습니다.

최근 영국의 클래식 음악 온라인 매거진 「바흐트랙」이 발표한 통계에 따르면, 2013년부터 2023년까지 전 세계 클래식 음악회에서 말러의 교향곡들은 가장 가파른 상승세를 보인 작품군 중 하나였습니다. 오늘날 그의 교향곡은 수많은 교향악단의 주요 레퍼토리로 자리 잡았으며, 국내에서도 '말러리안'이라 불리는 열정적인 애호가들이 꾸준히 그의 음악을 지지하고 있지요. 이처럼 말러의 교향곡들이 지금 시대의 음악으로 살아 숨 쉬는 이유는, 아마도 그가 평생 수많은 도시를 찾아다니며 끊임없이 연주와 지휘의 기회를 만들어낸 덕분이 아닐까 싶습니다.

20세기에 이르러 음악가들은 자신이 원하는 도시와 무대를 스스로 선택할 수 있게 됩니다. 헨델과 말러의 삶을 나란히 살펴보면 사람들의 역사, 나아가 예술의 역사는 우리 모두를 위한 방향으로 흐르고 있단 걸 알 수 있습니다. 자신이 펼치고 싶은 예술 세계를 위해 장소를 고를 수 있다는 것. 이 변화야말로 20세기 서양 음악을 떠받친 중요한 축 중 하나였습니다.

이러한 변화는 단지 헨델과 말러 두 사람에게만 해당되는 이야기가 아닙니다. 그 이후 음악가들이 점차 자유로운 선택 속에서 자기만의 음악을 만들어가기 시작했지요. 오늘날 '클래식 음악'이라고 불리는 유럽 중심의 음악들이 전 세계적 취향으로 확산될 수 있었던 배경에도 이처럼 다양한 도시에서 자유롭게 활동할 수 있었던 음악가들의 기여가 있었던 것입니다.

만약 헨델이 말러와 같은 시기에 태어났다면, 아마 귀화

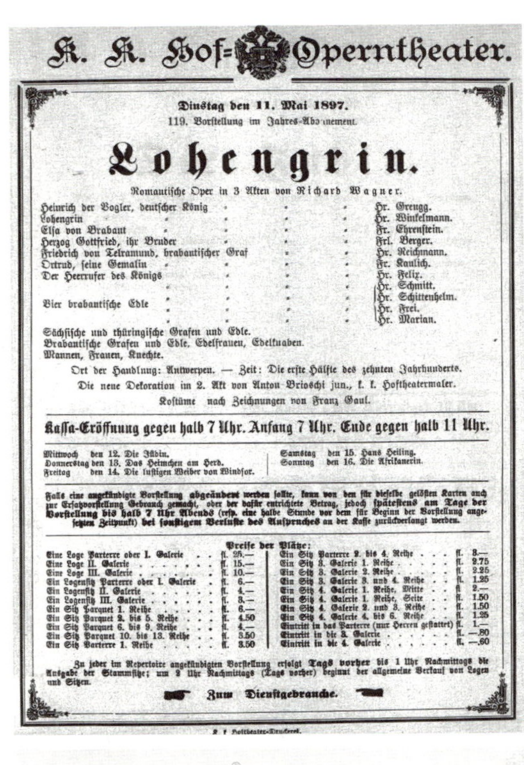

K. K. Hof=Operntheater.

Dinstag den 11. Mai 1897.
119. Vorstellung im Jahres-Abonnement.

Lohengrin.

Romantische Oper in 3 Akten von Richard Wagner.

Heinrich der Vogler, deutscher König	Hr. Greugg.
Lohengrin	Hr. Winkelmann.
Elsa von Brabant	Fr. Ehrenstein.
Herzog Gottfried, ihr Bruder	Frl. Berger.
Friedrich von Telramund, brabantischer Graf	Hr. Reichmann.
Ortrud, seine Gemalin	Fr. Kaulich.
Der Heerrufer des Königs	Hr. Felix.
	Hr. Schmitt.
Vier brabantische Edle	Hr. Schittenhelm.
	Hr. Frei.
	Hr. Marian.

Sächsische und thüringische Grafen und Edle.
Brabantische Grafen und Edle, Edelfrauen, Edelknaben.
Mannen, Frauen, Knechte.

Ort der Handlung: Antwerpen. — Zeit: Die erste Hälfte des zehnten Jahrhunderts.

Die neue Dekoration im 2. Akt von Anton Brioschi jun., k. k. Hoftheatermaler.

Kostüme nach Zeichnungen von Franz Gaul.

Kassa-Eröffnung gegen halb 7 Uhr. Anfang 7 Uhr. Ende gegen halb 11 Uhr.

Mittwoch den 12. Die Jüdin.	Samstag den 15. Hans Heiling.
Donnerstag den 13. Das Heimchen am Herd.	Sonntag den 16. Die Afrikanerin.
Freitag den 14. Die lustigen Weiber von Windsor.	

Falls eine angekündigte Vorstellung abgeändert werden sollte, kann von den für dieselbe gelösten Karten auch zur Ersatzvorstellung Gebrauch gemacht, oder der dafür entrichtete Betrag, jedoch spätestens am Tage der Vorstellung bis halb 7 Uhr Abends (resp. eine halbe Stunde vor dem für Beginn der Vorstellung angesetzten Zeitpunkt) bei sonstigem Verluste des Anspruches an der Kasse zurückverlangt werden.

Preise der Plätze:

Eine Loge Parterre oder I. Galerie	fl. 25.—	Ein Sitz Parterre 2. bis 4. Reihe	fl. 3.—	
Eine Loge II. Galerie	fl. 15.—	Ein Sitz 3. Galerie 1. Reihe	fl. 2.75	
Eine Loge III. Galerie	fl. 10.—	Ein Sitz 3. Galerie 2. Reihe	fl. 2.25	
Ein Logensitz Parterre oder I. Galerie	fl. 6.—	Ein Sitz 3. Galerie 3. und 4. Reihe	fl. 1.25	
Ein Logensitz II. Galerie	fl. 5.—	Ein Sitz 4. Galerie 1. Reihe, Mitte	fl. 2.—	
Ein Logensitz III. Galerie	fl. 3.—	Ein Sitz 4. Galerie 1. Reihe, Seite	fl. 1.50	
Ein Sitz Parquet 1. Reihe	fl. 6.—	Ein Sitz 4. Galerie 2. und 3. Reihe	fl. 1.50	
Ein Sitz Parquet 2. bis 5. Reihe	fl. 4.50	Ein Sitz 4. Galerie 4. bis 6. Reihe	fl. 1.25	
Ein Sitz Parquet 6. bis 9. Reihe	fl. 4.—	Eintritt in das Parterre (nur Herren gestattet)	fl. 1.—	
Ein Sitz Parquet 10. bis 13. Reihe	fl. 3.50	Eintritt in die 3. Galerie	fl. —.80	
Ein Sitz Parterre 1. Reihe	fl. 3.50	Eintritt in die 4. Galerie	fl. —.60	

Zu jeder im Repertoire angekündigten Vorstellung erfolgt Tags vorher bis 1 Uhr Nachmittags die Ausgabe der Stammsitze; um 2 Uhr Nachmittags (Tags vorher) beginnt der allgemeine Verkauf von Logen und Sitzen.

➤ **Zum Dienstgebrauche.** ◄

k. k. Hoftheater-Druckerei.

1897년 5월 11일 말러는 K. K. 부르크극장에서의 첫 번째 오페라 지휘를 했습니다

구스타프 말러는 유럽과 미국에서 활약한 지휘자이자 작곡가로,
그의 교향곡은 오늘날에도 사랑받는 대표 레퍼토리입니다

를 하지 않아도 자유롭게 음악 활동을 이어갈 수 있었겠지요. 신과 조국을 배신했다는 비난도 듣지 않았을 것입니다. 하지만 영국 왕과 위인들만 안장되는 웨스트민스터 사원에 잠들고 싶어 했던 그의 오랜 소망은 이루어지지 않았을지도 모릅니다. 반대로 말러가 헨델이 살던 시절에 태어났다면 오늘날 우리가 알고 있는 그의 교향곡들은 아마 알려지지 못했을 것입니다. 그 시대의 음악적 흐름과 환경이 그것을 가능하게 하지 않았을 테니까요.

오늘날의 클래식 음악

21세기와 22세기의 클래식 음악은 과연 어떤 모습일까요? 아직 오지 않은 너무 먼 미래의 이야기처럼 느껴지기도 합니다. 하지만 베토벤의 미완성 유작인 〈교향곡 10번〉을 AI 작곡가가 완성하고, 실제 연주자들이 이 작품을 무대에서 연주했다는 사실은, 어쩌면 앞으로의 세상에서 음악이 어떤 식으로 만들어질지 짐작해 볼 수 있는 단초가 아닐까 싶습니다.

베토벤의 작곡 양식을 학습한 인공지능이 그의 스타일을 바탕으로 교향곡을 완성한다는 소식이 처음 알려졌을 때, 클래식 음악계에서는 우려와 기대가 동시에 터져 나왔습니다. 그러나 이 사건은 기술과 음악이 어떻게 조화를 이루며 공존할 수 있을지에 대한 새로운 가능성을 열어준 계기이기

　　　　　　　　　　　제8장. 오늘날의 클래식 음악

도 했습니다. 어쩌면 이것이 바로 오늘날, 그리고 가까운 미래의 음악을 그려볼 수 있는 작은 실험일지도 모릅니다.

사실 음악이나 예술의 본질을 생각할 때, AI 작곡가나 피아니스트가 활동하는 모습은 여전히 낯설고, 어딘가 본질과는 어긋난다는 느낌을 주기도 합니다. 그러나 정작 연주자들이 무대 위에서 기술의 도움을 받는 모습은 이제는 자연스럽게 받아들여지고 있지요. 예를 들어, 악보의 페이지를 넘기는 데 풋패드를 사용하는 장면은 흔한 풍경이 되었습니다. 종이 악보 대신 태블릿을 사용하는 연주자도 점점 늘고 있고요. 물론 여전히 전통적인 방식으로 종이 악보를 넘기며 연주하는 분들도 많지만요.

클래식 음악을 둘러싼 환경도 다채롭게 변화하고 있습니다. 여전히 여성 음악가들이 설 수 있는 무대는 절대적으로 부족합니다. 특히 여성 지휘자가 오를 수 있는 오케스트라의 포디엄은 여전히 희소한 것이 현실이지요. 또 한편으로는 지난 20여 년간, 우리나라를 포함한 아시아계 학생들이 세계 주요 국제 콩쿠르에서 상위권을 차지하는 비율이 절반을 넘기고 있습니다. 이는 지난 수십 년간 아시아의 부모 세대가 자녀들에게 꾸준히 클래식 음악 교육을 시켜온 노력의 결과일 것입니다.

예술의 외곽에서도 흥미로운 현상들이 이어지고 있습

니다. 음악가의 유품이 경매에 오르고, 그것이 고가에 낙찰되는 모습은 지금 시대의 클래식 음악을 구성하는 또 하나의 단면이기도 합니다. 베토벤의 머리카락 몇 가닥, 쇼팽이 서명한 악보의 일부분, 크레모나에서 제작된 스트라디바리우스의 바이올린 같은 서양 음악사의 흔적들이 하나의 '사물'이 되어 교환되고 소유되는 시대. 이 또한 우리가 살아가는 오늘날의 클래식 음악이 마주하는 현실이기도 합니다.

해머프라이스가 연주하는 클래식 음악

세계적 규모의 경매 회사인 소더비나 크리스티에는 과거의 예술가들이 남긴 유품 혹은 작품이 심심찮게 등장합니다. 런던의 고서점에서 찾아낸 바흐의 필사 악보집처럼 어느 날 불현듯 세상에 모습을 드러낸 유품들이 경매장에 오르기도 하고, 과거의 예술적 기록들이 현대 사회의 '물물 교환'의 장으로 불리는 경매 시장에 정식 매물로 등장하기도 하지요.

현재까지 공개 경매에서 낙찰된 예술 작품 가운데 가장 높은 금액을 기록한 작품은 레오나르도 다 빈치의 작품으로 추정되는 〈살바토르 문디〉입니다. 2017년 11월 15일 크리스티 경매에서 이 작품은 무려 4억 5천만 달러, 우리 돈으로 약

 제8장. 오늘날의 클래식 음악

6천 400억 원에 낙찰되었는데요. 이 작품이 정말로 다 빈치의 작품인지 여부를 두고 아직도 학계의 논란이 이어지고 있다는 점에서 예술의 가치에 대한 사회적 관심이 얼마나 큰지를 짐작하게 합니다.

한편, 서양 음악가들의 유품이나 클래식 음악과 관련된 유물들은 이처럼 큰 관심을 끌지는 못하고 있습니다. 가령 지난 2004년 영국 런던의 소더비 경매에서는 세르게이 라흐마니노프가 직접 서명하고 메모를 남긴 〈교향곡 제2번〉 총보가 약 20억 원에 낙찰되었습니다. 다 빈치의 〈살바토르 문디〉와 비교하면 무려 320배 가까이 차이 나는 셈입니다.

이러한 수치를 단순히 예술적 가치의 높낮음을 판단할 수는 없을 것입니다. 다 빈치와 라흐마니노프는 서로 비교가 불가능할 만큼 각자의 영역에서 위대한 업적을 남긴 인물들이니까요. 다만 오늘날의 미술 시장과 클래식 음악 시장이 전혀 다른 구조와 흐름 속에서 형성되고 있다는 점을 고려하면, 이러한 차이는 자연스러운 현상이라고 이해할 수 있을 듯합니다. 클래식 음악계에 획기적인 변화가 일어나지 않는 한, 이와 같은 경매 시장의 흐름은 당분간 지속될 가능성이 높습니다.

종종 벌어지는 후손 측과의 분쟁

유명 예술가의 유품이 경매에 등장했다는 소식은 그 예술가의 후손들에게도 예사롭지 않은 일일 수밖에 없습니다. 특히 해당 유품이 어떤 경로를 거쳐 경매장에 오르게 되었는지 명확하지 않을 경우, 그 관심은 더욱 커질 수밖에 없지요. 이러한 이유로 일반에 공개되지 않은 비공개 경매가 진행되는 경우도 드물지 않습니다. 라흐마니노프가 직접 추가한 악상이 기재된 최초의 〈교향곡 제2번〉 악보 역시 바로 그런 사례였지요.

지난 2004년 소더비 경매에 라흐마니노프의 〈교향곡 제2번〉 악보가 등장했습니다. 총 320페이지 분량의 이 악보는 라흐마니노프가 초연을 위해 실제로 사용한 자필 악보로 추정되며, 그의 자필로 기보된 음악적 수정과 추가 아이디어들이 고스란히 담겨 있었습니다. 다시 말해, 그의 완성된 작품 위에 덧입혀진 또 하나의 창작, 곧 '유품이자 예술작품'으로서의 의미를 동시에 지닌 귀중한 자료였던 셈입니다.

더욱이 이 악보는 그가 남긴 작품들 가운데에서도 가장 완성도 높은 걸작으로 손꼽히는 〈교향곡 제2번〉의 원본이라는 점에서 큰 주목을 받았습니다. 다양한 색의 연필과 검은 잉크로 표기된 수많은 수정 흔적들, 그리고 기존 악보에서는

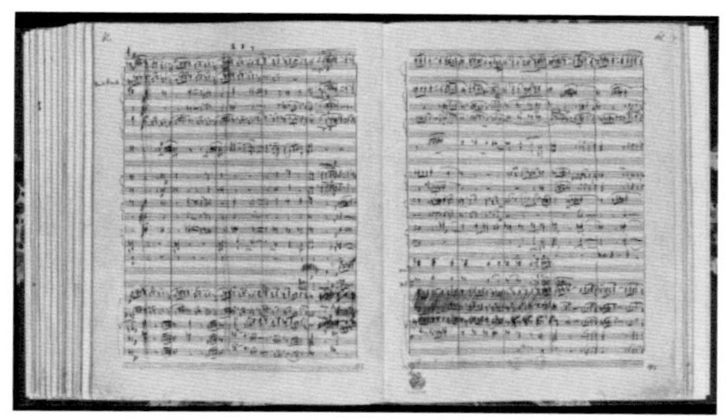

라흐마니노프가 직접 〈피아노 협주곡 2번〉을 그린 악보입니다.
곳곳에 음악적 표시한 흔적들이 보입니다

볼 수 없던 새로운 음악적 부분의 존재는 연구자들 사이에서도 깊은 관심을 불러일으켰지요.

경매가 진행된다는 소식을 접한 라흐마니노프의 후손 측은 즉각 소유권을 주장하고 나섰습니다. 1908년 1월 27일 러시아 상트페테르부르크의 마린스키 극장에서 알렉산더 실로티의 지휘로 이 곡이 초연된 뒤, 원본 악보의 행방이 오랫동안 묘연했기 때문입니다. 후손들은 이 악보가 어떤 과정을 통해 개인 소장품으로 넘어갔는지 알 수 없다는 점에서 의문을 제기했지요.

다행히도 소더비에 출품을 의뢰한 익명의 수집가는 유족 측과 원만한 협의를 통해 분쟁을 마무리했습니다. 이후 이 악보는 타버 재단의 손에 들어갔고 비공개 경매를 통해 약 50만 파운드, 한화로 약 8억 원에 낙찰되었지요. 경매가 끝난 뒤, 이 악보는 영국 국립도서관으로 이관되어 안전하게 보관되었습니다.

흥미로운 것은 이렇게 세간의 이목을 끌었던 이 악보가 약 10년 뒤 다시 경매에 등장했다는 점입니다. 이때는 모차르트의 친필 서명이 있는 악보, 베토벤과 로시니의 자필 악보 등도 함께 출품되었지만, 라흐마니노프의 〈교향곡 제2번〉 악보만큼 높은 낙찰가를 기록한 작품은 없었습니다. 이 악보는 익명의 수집가에 의해 120만 2,500파운드, 한화 약 20억 원에 낙찰되며 또 한 번 클래식 음악 경매사에 기록을 남겼지요.

미래를 위한 현재의 마음

클래식 음악의 유산이 현대의 경매를 통해 아름답게 사용된 사례도 있습니다. 바로 미래의 음악가들을 위해 소중한 악기를 기꺼이 내어준 한 연주자의 이야기이지요. 미국 오하이오주 켄트 주립대학교에서 오랜 시간 교수로 재직하며 제자들을 양성해 온 바이올리니스트 시혼 마Sihon Ma는, 자신이 생전에 애지중지 사용하던 '요아힘-마Joachim-Ma' 스트라디바리우

　　　　제8장. 오늘날의 클래식 음악

스 바이올린을 모교인 뉴잉글랜드 콘서바토리New England Conservatory에 기부했습니다.

이 악기는 이탈리아의 전설적인 제작자 안토니오 스트라디바리가 1714년경에 만든 것으로 추정되며, 그가 만든 악기들은 현재 약 550대가 남아있다고 알려져 음악사적으로도 굉장한 보물 중 하나입니다.

그의 기부는 단순한 유산 기증을 넘어선 일이었습니다. 실제로 이 악기는 2025년 2월, 미국 뉴욕 소더비 경매에 출품되어 1,000만 달러에 낙찰되었고, 여기에 수수료를 포함한 최종 낙찰가는 1,130만 달러, 한화 약 170억 원에 이르렀습니다. 소더비 측에서 예측했던 금액보다 다소 낮은 수준이었지만, 고악기 시장에 대한 여전한 관심과 클래식 음악계의 상징적 의미를 다시금 확인할 수 있었던 경매였지요.

이날 경매를 진행한 옥셔니어 필리스 카오는 평소보다 낮고 조용한 목소리로 경매를 이끌었는데요. 경매의 시작과 함께 울려퍼진 뉴잉글랜드 콘서바토리 출신 바이올리니스트 제네바 르위스의 〈라르고〉를 많은 사람과 함께 듣기 위해서였을 것입니다.

기부자의 뜻에 따라 이 악기는 뉴잉글랜드 콘서바토리에서 음악가의 꿈을 키우는 재능 있는 학생들을 위해 사용될 예정입니다. 남겨진 가족에게 재산으로 물려줄 수도 있었던

♫

왼쪽 두 번째는 요아힘. 그가 든 1714년산
스트라디바리우스는 훗날 시혼마와 평생을 함께했고,
지금은 또 다른 여정 중입니다

세기의 악기를 시흔 마는 음악의 후배들에게 따뜻한 마음으로 내어주었습니다. 단순한 생각이나 말이 아닌 실제 행동으로 옮긴 아름다운 결단이었습니다.

포디엄의 멋진 여성들

여성 음악가를 지원하는 여러 단체 가운데 하나인 여성 필하모닉 협회가 지난 2024년, 전 세계 48개국에서 개최된 30,774건의 음악회를 분석한 자료를 발표했습니다. 이 보고서에 따르면, 지난 10년간 여성 작곡가의 작품이 무대에 오르는 비율은 꾸준히 상승해 왔고, 지휘자가 등장한 음악회 중 약 13%에서 여성 지휘자가 무대를 이끌었다고 합니다. 하지만 이들 여성 지휘자 중 세계에서 가장 많은 공연을 지휘한 50인 명단에 이름을 올린 이는 없었습니다. 이는 오늘날 여성 지휘자가 클래식 음악계에서 차지하는 위치를 보여주는 단적인 수치이기도 하지요.

그렇다면 언제부터 여성들이 지휘자의 꿈을 꾸기 시작했던 걸까요? 전해지는 기록에 따르면, 스웨덴의 작곡가이자 오르가니스트였던 엘프리다 앙드리가 최초로 지휘봉을 든 여성 음악가로 알려져 있습니다. 물론 그보다 앞서 지휘를 시도했던 여성 음악가가 있었을 가능성도 배제할 수는 없겠지만요.

14세에 음악 교육을 시작한 앙드리는 작곡, 오르간 등 다양한 분야를 공부했지만 졸업 후에는 법적으로 교회나 악단에 정식으로 취직할 수 없다는 사실을 알게 됩니다. 그는 이에 맞서 법원에 이의를 제기하며 여성 음악가의 권리를 주장했고, 결국 스웨덴 최초로 교회에 취직한 여성 오르가니스트가 되었습니다. 또한 많은 작품을 작곡하고 발표했지만, 당시 여성 작곡가에 대한 차가운 시선 속에서 작품은 종종 악평을 받기도 했습니다. 그러던 중 1897년 그는 여성 최초로 교향악단을 지휘하며 한 획을 그었고, 이는 서양 음악사에서 여성 음악가들의 지평을 넓힌 중요한 사건으로 평가받습니다.

스웨덴에서 태어난 앙드리는 열네 살에 여학생도 입학이 가능했던 학교에서 공부를 시작했습니다. 그곳에서 그는 작곡, 오르간 연주 등 다양한 분야의 음악공부를 할 수 있었지요. 하지만 졸업 후 전문 음악가로 활동을 시작하려고 했을 때, 그는 여성이 교회나 악단 등의 정규직 음악가로 취직할 수 없다는 스웨덴의 법률 조항을 알게 되었습니다. 그는 법원에 이의를 제기하는 등 제도 개선을 위한 운동을 시작했고, 결국 법률 조항의 수정을 이끌어냅니다. 그는 결국 스웨덴 최초로 교회에 취직한 여성 오르가니스트가 되지요.

그는 평생 많은 작품을 작곡하고, 발표했습니다. 하지만 당대 음악 평론가들은 그의 작품에 악평을 내놓았습니다. 여성 작곡가가 만든 음악에 대한 시선이 좋지 않던 시절이었으니까요. 그러던 중 1897년 그는 여성 최초로 교향악단을 지휘하며 한 획을 그었고, 이는 서양 음악사에서 여성 음악가들의 지평을 넓힌 중요한 사건으로 평가받게 됩니다.

이후 각지에서 여성 지휘자들이 조금씩, 그리고 꾸준히 포디엄에 오르기 시작했습니다. 1886년 최초의 여성 단원 오케스트라를 창단한 로사벨 왓슨, 자신이 작곡한 오페라를 직접 지휘한 에델 레긴스카, 뉴욕에서 오페라를 지휘한 리나 코엔, 브리티시 여성 심포니 오케스트라를 창단한 그윈 킴프턴 등 수많은 여성 지휘자와 음악가들이 있었지요.

20세기 여성 음악가들의 롤모델이자 당대 음악계를 이끈 음악가들의 스승 나디아 불랑제, 뉴욕 필하모닉 오케스트라를 지휘한 최초의 여성 지휘자 안토니아 브리코도 빼놓을 수 없는 인물입니다. 특히 브리코는 여성이라는 이유만으로 교향악단 지휘를 꿈꾸기조차 어려웠던 시대에, 꿋꿋하게 음악가의 길을 걸어갔습니다. 어려운 형편 속에서도 음악 공부를 마친 뒤, 독일 베를린 예술대학에서 미국 여성 최초로 지휘를 전공했고, 이후 세계 여러 교향악단을 지휘하며 존재감을 드러냈습니다. 1936년 7월 28일, 그는 뉴욕 필하모닉 오케스트라를 지휘한 첫 여성 지휘자로 역사에 이름을 남기게 되지요.

음악을 사랑하는 사람이라면, 그 사람이 누구든 차별 없이 무대에 설 수 있어야 합니다. 그것이야말로 음악이 우리에게 전하는 진정한 메시지이자 위로가 아닐까요? 언제나 그 자리에 있었지만 기억되지 못했던 여성 음악가들의 이야기를 이제는 함께 기억해 주시기를 바랍니다.

1월부터 12월까지 클래식 음악회는 열일 중

오늘날 전 세계에서 열리는 클래식 음악회들을 살펴보면 한 가지 재미있는 점을 발견할 수 있습니다. 바로 신기할 정도로 매년 같은 시기에 같은 작품이 무대에 오르고 있다는 것이지요. 대체 무슨 사연으로 이런 전통 아닌 전통이 생기게 된 것일까요? 분명 해당 작품을 만든 작곡가들은 자신의 곡을 몇 월에 연주하라거나 연주하는 것이 좋다는 메모를 남긴 적이 없는데 말이죠.

클래식 음악계에 이 전통이 자리 잡은 이유는 의외로 간단합니다. 각 작품이 가진 전통과 메시지를 새해, 연말 같은 특수한 시기와 접목한 일종의 기획이니까요. 12월만 되면 지구촌 어디를 가든 크리스마스 캐럴을 들을 수 있는 현상과 비슷하지요.

1월의 왈츠부터 12월의 '합창'까지

새해 첫날, 어떤 음악을 들으시고 싶으신가요? 산뜻하게 새로운 한 해를 맞이하는 만큼, 듣는 이의 마음을 들썩이게 해주는 음악이라면 더할 나위 없습니다. 그런 의미에서, 몇 초만 들어도 흥이 절로 나는 요한 슈트라우스 1세의 왈츠는 시대와 국경을 넘어 많은 이들에게 사랑받는 곡이라 할 수 있습니다. 오스트리아를 대표하는 작곡가이자 바이올리니스트였던 그는 단 한 곡으로도 사람들의 기분을 환하게 만들어주는, 그야말로 음악 속의 축제를 선사하는 인물이었지요.

현재 지구촌 클래식 음악계에서 가장 잘 알려진 신년 음악회는 바로 오스트리아 빈에서 열리는 빈 필하모닉 신년 음악회입니다. 매년 1월 1일, 빈 무지크페라인 황금홀에서 열리는 이 공연은 단순한 음악회를 넘어 오스트리아의 국가적인 자부심이 담긴 축제이기도 합니다. 오전 11시 15분에 정확히 시작하는 전통을 갖고 있으며, 무대를 가득 채운 화려한 꽃장식은 매년 관객들의 시선을 사로 잡습니다. 이 음악회의 프로그램은 오스트리아가 자랑하는 요한 슈트라우스 1세와 그의 아들들이 작곡한 왈츠, 폴카 등으로 구성되는데요. 경쾌한 리듬과 우아한 선율로 가득한 이 곡들은 새해의 시작을 한층 더 빛나게 만들어 주지요.

물론 빈뿐만 아니라 세계 여러 도시에서도 새해를 기념하는 음악회가 열립니다. 우리나라 역시 서울을 비롯한 여러 도시에서 새해를 맞이하는 신년 음악회가 꾸준히 개최되고 있지요. 이때 빠지지 않고 연주되는 곡 중 하나가 바로 슈트라우스의 왈츠입니다. 바흐의 〈마태 수난곡〉이나 모차르트의 〈레퀴엠〉 같은 엄숙한 분위기의 곡들은 신년 음악회의 밝은 에너지와는 맞지 않기 때문에 연주되지 않지요.

그리고 한 해의 끝자락인 12월, 우리는 또 한 번 특별한 음악을 찾게 됩니다. 바로 베토벤의 〈교향곡 9번〉이지요. 이 곡의 4악장에 실린 프리드리히 실러의 시 〈환희의 송가〉는 인류애와 평화를 노래하며, 사람을 향한 사랑의 메시지를 전합니다. 들을 수 없는 상황 속에서도 작곡의 열정을 놓지 않았던 베토벤의 생애와, 그러한 삶 속에서 완성된 위대한 곡은 한 해를 마무리할 때마다 우리에게 깊은 울림을 전해주지요.

겨울 공연장에서 자주 만날 수 있는 작품이 하나 더 있습니다. 바로 차이콥스키의 〈호두까기 인형〉이지요. 크리스

매년 1월엔 빈 신년 음악회, 12월엔 발레 〈호두까기 인형〉이 무대에 오릅니다.
연말연시에 어울리는 대표 공연입니다

마스트리 아래, 소녀와 호두까기 인형의 슬픈 사랑 이야기로 펼쳐지는 이 발레는 그 자체로도 동화 같은 아름다움을 지니고 있지만, 그가 남긴 음악은 우리 모두의 마음에 따뜻한 겨울 감성을 불러일으켜 줍니다. 물론 무대에서는 발레로 공연되지만, 오케스트라가 이 음악을 연주하는 프로그램도 연말 공연장에서 자주 만나볼 수 있지요.

이처럼 1월과 12월, 한 해의 시작과 끝을 장식하는 클래식 음악회의 프로그램은 오랜 전통과 함께 이어져 왔고, 앞으로도 많은 이들에게 따뜻한 감동과 희망을 전해줄 것입니다.

콩쿠르에 대한 가장 최근의 이야기

실력이 뛰어난 예술가를 발굴하고 그 재능을 세상에 알리려는 노력은 서양 예술사의 모든 시대마다 저마다의 방식으로 존재했습니다. 그중에서도 가장 오래되었고, 오늘날까지 이어지고 있는 방식이 있다면 바로 명망 있는 예술가가 다른 예술가의 재능을 칭찬하고 소개하는 일일 것입니다. 이는 오늘날 콩쿠르의 기원과도 맞닿아 있습니다.

1863년 요하네스 브람스는 안토닌 드보르자크의 작품을 보고 큰 감동을 받습니다. 당시 브람스는 합스부르크 제국이 주최한 신인 예술가 장학생 선발 심사위원으로 활동하고 있었는데요. 그 자리에서 프라하 출신의 늦깎이 작곡가 드보르자크가 제출한 교향곡과 실내악 작품을 접하게 됩니다. 그리고 그 재능에 깊이 매료되었지요.

브람스는 드보르자크가 장학금을 받을 수 있도록 자신의 음악적 의견을 적극적으로 전달했습니다. 그뿐만 아니라, 자신의 작품을 출판하던 당대의 저명한 출판사에도 드보르자크를 추천했지요. 심지어 그는 자신의 작품집을 계약할 당시, 드보르자크의 작품 한 편을 함께 출판하는 조건을 제시하기까지 했습니다. 이렇게 해서 드보르자크의 작품 중 하나인 〈모라비아 이중창곡집〉이 세상에 나올 수 있었지요.

이후 출판사는 드보르자크에게 새로운 작품을 의뢰했고, 그렇게 탄생한 것이 바로 그의 대표작 중 하나인 〈슬라브 무곡〉이었습니다. 이 작품을 계기로 드보르자크는 유럽 전역에서 이름을 알리게 되었고, 이후 체코의 국민 음악가로서 존경받으며 생을 마감합니다.

브람스의 진심 어린 추천과 배려가 있었기에 드보르자크의 이름이 세상에 더 빠르게 알려질 수 있었습니다. 게다가 그는 경제적으로 어려웠던 드보르자크에게 아무런 대가도 요구하지 않았습니다. 그는 순수하게 음악의 선배로서 후배를 응원했고, 음악을 향한 애정으로 가득한 사람의 마음을 행동으로 보여주었습니다. 실제로 두 사람의 나이 차이는 10살에 불과했지만, 드보르자크에게 브람스는 분명 든든한 길잡이였을 것입니다.

이러한 예는 오늘날의 음악 콩쿠르가 어떤 의미를 갖고 있는지에 대한 좋은 해석이 될 수 있습니다. 예술계에서 뛰어난 인재를 발견하고, 그 재능을 세상에 알리는 과정은 시대마다 달라졌지만 그 필요성은 변함이 없었습니다. 그리고 그 과정은 점차 제도화되어 오늘날의 콩쿠르로 이어졌습니다. '선배 음악가가 후배의 재능을 말해주는 일'은 지금도, 앞으로도 계속될 소중한 전통이 아닐까 싶습니다.

나를 알리기 위한 최선의 선택

대부분의 국제 콩쿠르에서는 수상자들에게 상금뿐 아니라 세계 각지에서의 연주 기회, 음반 계약, 매니지먼트 등 젊은 음악가에게 꼭 필요한 다양한 혜택을 제공합니다. 해당 콩쿠르에서 배출된 연주자를 세계에 알리기 위한 홍보도 여러 방식으로 이루어지지요. 그래서 청년 음악가들에게 콩쿠르는 세계 무대로 향하는 실질적인 디딤돌이자 첫 번째 여정이 되어주는 경우가 많습니다. 이런 현실적인 이유로, 전문 연주자의 꿈을 꾸는 많은 학생이 오늘도 국제 콩쿠르를 목표로 연습하고, 도전하는 것입니다. 21세기 음악가들에게 콩쿠르는 '숙명'과도 같은 존재일지도 모르겠습니다.

대표적인 국제 콩쿠르를 소개합니다. 피아니스트를 위한 콩쿠르는 폴란드에서 열리는 쇼팽 국제 피아노 콩쿠르, 미국의 반 클라이번 콩쿠르, 그리고 벨기에의 퀸 엘리자베스 국제 음악 콩쿠르, 러시아의 차이콥스키 국제 음악 콩쿠르 등이 있습니다. 이외에도 유럽 곳곳에서 열리는 다양한 크고 작은 국제 콩쿠르들이 지금 이 순간에도 새로운 재능을 발굴하고 있지요.

우리나라에도 국제 콩쿠르에서 우승하거나 입상한 뒤, 세계를 무대로 활동하고 있는 연주자들이 많습니다. 우리나라 최초의 국제 콩쿠르 스타였던 피아니스트 백건우 선생의 이야기는 그 대표적인 사례입니다. 1961년, 미국 뉴욕에서 열린 국제 피아노 콩쿠르에서 1등을 차지하며 세상에 이름을 알렸고, 이를 계기로 줄리어드 음악학교에 유학하게 되었습니다. 그리고 지금은 80세를 바라보는 나이에도 여전히 세계적으로 활발한 연주 활동을 이어가고 있지요.

백건우 선생 외에도 첼리스트 정명화, 바이올리니스트 정경화, 피아니스트로 시작해 지휘자로 활동 중인 정명훈 등 여러 거장도 젊은 시절 콩쿠르를 통해 국제 무대에 데뷔한 바 있습니다. 성악가 신영옥, 조수미, 피아니스트 백혜선, 바이올리니스트 사라 장, 그리고 첼리스트에서 지휘자로 전향한 장한나에 이르기까지. 한국 클래식 음악의 역사를 이끌어온 수많은 연주자가 콩쿠르를 발판 삼아 세계적인 연주자로 성장했지요.

요즘 국내 음악계에서 활발하게 활동하고 있는 연주자들도 국제 콩쿠르 출신이 많습니다. 피아니스트 손열음, 김선욱, 선우예권, 조성진, 임윤찬, 그리고 바이올리니스트 신지아, 김봄소리, 양인모 등은 세계 유수의 콩쿠르에서 우승하거나 입상하며 주목받기 시작했고, 지금은 전 세계 무대에서 실력을 입증하고 있습니다. 특히 신지아는 유학 없이 한국예술종합학교 재학 중 무려 7개의 국제 콩쿠르에서 우승

및 입상하며 큰 화제를 모았고, 조성진과 임윤찬은 콩쿠르 우승 이후 국내외에서 '피켓팅' 현상을 일으키며 클래식 음악계에 새로운 바람을 불러일으키고 있지요.

만약 앞서 언급한 연주자들이 국제 콩쿠르를 통해 자신들의 음악성을 알리지 않았다면, 지금과 같은 연주 경력을 쌓을 수 있었을까요? 물론 그들의 음악적 재능은 변함없었겠지만, 국제 콩쿠르라는 무대는 분명 그들의 길을 더 넓고 빠르게 열어준 계기가 되었을 것입니다. 일단 국제적으로 주목을 받기 시작하면, 다음 기회들이 연달아 이어지며 선순환 구조가 만들어지기 마련이니까요.

아시아 청년 음악가들의 눈부신 순간

오늘날 지구촌 클래식 음악계의 새로운 동력 중 하나는 바로 아시아 출신 음악가들입니다. 특히 우리나라를 비롯해 중국과 일본의 음악학도들이 국제 콩쿠르에 참가하는 비율은 해마다 꾸준히 증가하고 있으며, 이제는 비 아시아권 참가자들을 앞지르고 있을 정도지요. 이러한 흐름에는 유럽이나 미국 등지에서 클래식 음악을 전공하는 학생의 비율이 예전보다 줄어든 것도 영향을 미쳤습니다. 아무래도 전문 연주자로 살아가는 길이 점점 더 좁아지고, 직업으로서 음악을 선택하기 어려워진 시대이기 때문이겠지요.

이러한 변화에 발맞춰 많은 국제 콩쿠르 주최 측에서는 참가자 유치를 위한 글로벌 홍보 활동도 활발하게 펼치고 있습니다. 대표적으로 지난해 쇼팽 국제 피아노 콩쿠르를 주관하는 쇼팽 인스티튜트의 관계자들이 우리나라를 방문해 기자회견을 열었고, 같은 방식의 설명회를 중국과 일본에서도 진행한 바 있습니다. 이처럼 아시아권 학생들의 참여 비율을 얼마나 중요하게 여기는지를 보여주는 사례이기도 하지요.

약간의 변화가 있다면 최근 10년간 우리나라와 중국 참가자들의 본선 진출 비율이 눈에 띄게 증가했다는 점을 들 수 있습니다. 반면 일본 참가자들의 본선 합격률은 감소하고 있고요. 일본은 불과 10여 년 전까지만 해도 세 나라 중 국제 콩쿠르 참가자 수가 가장 많은 나라였습니다. 하지만 최근 일본 내 클래식 음악 교육 열기가 한풀 꺾이며, 이런 변화가 수치로 나타나고 있지요.

우리나라 역시 예외는 아닙니다. 요즈음 국내에서 클래식 음악 교육에 대한 관심은 예전만 못한 상황입니다. 실제로 폐업하는 음악 교습소의 숫자는 해마다 가파르게 증가하고 있고, 음악 교육에 대한 사회적 인식도 점차 변해가고 있습니다. 이는 몇십 년 뒤, 분명 우리 음악계의 또 다른 양상

2025 퀸 엘리자베스 피아노 콩쿠르 세미파이널 진출자 중 절반 이상이 아시아계입니다.
20년 전엔 상상 못 했던 변화입니다

으로 나타날 것입니다. 변화는 늘 자연스러운 흐름 속에서 찾아오는 법이니까요.

그럼에도 2000년대 이후 세계 유수의 국제 콩쿠르에서 우리나라 음악가들이 만들어낸 빛나는 순간들은 절대 사라지지 않을 것입니다. 그 찬란한 기록들은 우리나라 음악사에 길이 남을 것이며, 후배 음악가들에게 귀중한 이정표로 남아 계속해서 전해질 것입니다.

제8장. 오늘날의 클래식 음악

AI 음악가와 베토벤 〈교향곡 10번〉

21세기의 인류는 그 어느 시대와도 비교할 수 없을 만큼 지능화된 기술의 시대를 살아가고 있습니다. 일상을 보다 편리하게 만들어주는 소소한 기술부터, 산업과 의료, 교육, 문화 등 각 분야에서 필요한 아이디어들이 실제 기술로 구현되고 있지요. 하나하나 열거하기 어려울 만큼 우리는 이미 놀라운 기술의 혜택 속에서 살고 있습니다.

그런데 이러한 흐름 속에서, 예술가의 역할을 대신하는 인공지능AI의 존재에 대해서는 다시 생각할 필요가 있는 것 같습니다. 다른 분야는 몰라도, 인간의 마음에서 솟아나는 예술적 영감만큼은 과연 기계가 대신할 수 있는 영역일까요? 문학의 언어, 음악의 순간, 미술의 유희처럼 감정과 상상력에서 비롯되는 창작의 행위를 과연 인공지능이 온전히 학습할 수 있을까요? 데이터를 기반으로 정확한 예측을 내놓는 것이 가능하다고 해도, 그것이 정말 '예술'이라 부를 수 있는가에 대해서는 여전히 의문이 듭니다. 세상에는 지금도 무수히 많은 예술가가 자신만의 언어로 살아가고 있으니까요.

하지만 동시에, 예술 창작에 인공지능의 도움을 기대했던 사람들의 수요도 적지 않았다는 사실 역시 점점 더 분명해지고 있습니다. 가령 2025년 상반기 리움미술관의 전시 일정 중 처음으로 우리나라에 소개된 프랑스 현대미술 작가 피에르 위그의 작품들처럼요. 위그는 인간과 비인간의 상호작용을 주요 테마로 삼아 감상자들과 실시간으로 반응하는 인공지능 기반의 작품을 선보였습니다. 관객이 움직이거나 바라보는 방향, 주변 환경의 소리, 조도 등에 따라 사운드와 영상, 조명, 센서 반응이 달라지는 작품이었지요.

저 역시 위그의 전시를 직접 관람하며, 마치 AI가 '나'를 지켜보고 있다는 듯한 묘한 긴장감을 느꼈습니다. 어딘지 모르게 섬뜩한 기분도 들었지만, 대부분의 관람객이 그의 작품에 깊은 몰입과 관심을 보였다는 사실은 인상적이었습니다. 기술이 예술의 자리를 완전히 대체하려는 시도에는 여전히 회의적이지만, 예술의 새로운 형식이자 감각의 확장으로 기술이 적절히 활용된다면 그것 또한 하나의 창작 방식으로 받아들일 수 있겠다는 생각도 들었지요.

〈Beethoven X: The AI Project〉

그렇다면 음악과 기술은 어디까지 함께 갈 수 있을까요? 이미 세상을 떠난 서양 음악가들의 작풍을 인공지능이 학습하고, 이를 바탕으로 새로운 작품을 작곡하는 시대는 이미 시

 제8장. 오늘날의 클래식 음악

작되었습니다. 실제로는 존재하지 않지만, 마치 그 작곡가가 생전에 남겼을 법한 이야기를 담은 음악이 AI에 의해 만들어지고 있는 것입니다. 이제는 작곡가의 자리를 인공지능이 완벽하게 재현할 수 있을 정도의 수준에 이른 셈이지요.

지난 2021년, 독일 본에서 열린 음악회에서 베토벤 오케스트라가 '베토벤 교향곡 10번'을 세계 초연한 일이 있었지요. 이 작품은 베토벤이 생전 미완성으로 남겨두었던 스케치를 기반으로 한 것인데요. 1988년에 맨체스터대학교의 작곡가 배리 쿠퍼 교수가 먼저 1악장과 2악장을 복원했고, 이후 2020년에 인공지능이 3악장과 4악장을 완성하여 총 4악장의 교향곡으로 세상에 공개되었습니다.

이 프로젝트는 'Beethoven X: The AI Project'라는 이름으로 진행되었고, 그 결과물은 실제로 청중들에게 베토벤의 교향곡을 듣는 듯한 착각을 줄 정도로 완성도 높은 작품으로 평가받았습니다. 사실 베토벤은 〈교향곡 9번〉과 〈교향곡 10번〉을 동시에 청탁받았는데요. 〈교향곡 9번〉을 마친 뒤

〈베토벤 X: The AI Project〉라는 이름으로 추친된 프로젝트 〈교향곡 10번〉을 들어보세요. 마치 베토벤의 교향곡을 듣는 착각을 불러일으키는 작품입니다

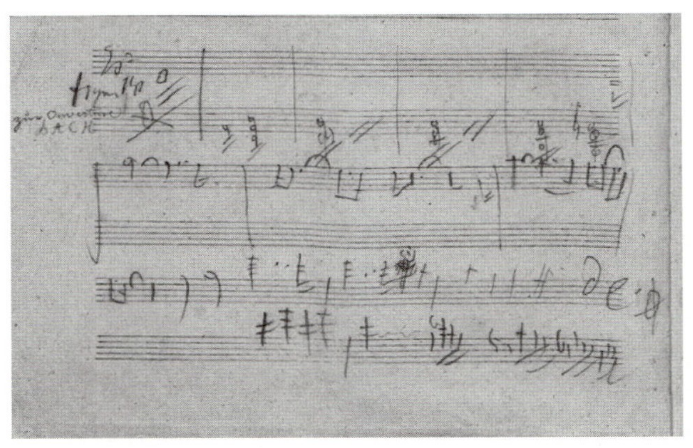

베토벤은 10번 교향곡에 대한 악상들을 정리해서 적어두었습니다.
발견된 악보의 조각들을 AI가 모아 〈교향곡 10번〉을 완성했습니다

〈교향곡 10번〉에 착수할 계획을 가지고 있었지요. 그는 끝내 완성하지 못했지만, AI가 그 음악적 구상을 이어 완성했다는 점에서 역사적으로도 중요한 사건이었습니다.

기술이 음악가의 작업 환경을 편리하게 바꾼 사례도 있습니다. 바로 태블릿 악보입니다. 이 태블릿 악보는 한번 사용해 본 연주자라면 무대 위에서 종이 악보를 다시는 사용하고 싶지 않다고 말할 정도로 큰 변화를 가져다주었는데요. 연주자들은 기존에 종이 악보를 보면대에 올려두고 연주 도중 직접 넘겨야 했습니다. 특히 피아니스트의 경우 악보를 넘기는 페이지터너가 필요한 경우도 많았고요.

   제8장. 오늘날의 클래식 음악

이제는 태블릿과 연동되는 풋패달이 이러한 역할을 대신합니다. 연주자가 손을 쓰지 않고 발끝으로 악보를 넘길 수 있는 기능이 제공되는 것이지요. 음악 연주에 몰입할 수 있도록 도와주는 이러한 기술의 발전은, 음악가들이 오랫동안 바라던 변화이기도 합니다.

결국 중요한 것은 기술의 존재 자체가 아니라, '그 기술이 예술가의 표현과 감정을 어떻게 보완하고 확장시키는가'일 것입니다. 앞으로 어떤 새로운 기술이 음악가들과 관객의 경험을 더욱 풍요롭게 만들어줄지 기대해 봅니다.

21세기 클래식 음악의 생존전략

음악은 참으로 생명력이 긴 예술입니다. 여러 시대와 다양한 대륙에서 생겨났다 사라진 수많은 문화를 떠올려보면, 음악이 얼마나 특별한 존재인지 새삼 느끼게 되지요. 특히 오늘날 우리가 '클래식 음악'이라 부르는 서양의 음악이 수백 년이 지난 지금까지도 많은 이들에게 사랑받고 있다는 사실은, 그 생명력을 더욱 깊이 실감하게 만듭니다. 언젠가 지금의 문화들 대부분은 시간이 흐르며 잊히겠지만, 클래식 음악만큼은 그렇게 쉽게 사라지지 않으리라 필자는 굳게 믿습니다.

설령 앞으로 클래식 음악을 듣지 않고, 찾지 않는 사람들이 점점 늘어난다고 해도 말이지요.

이야기를 거듭해 나갈수록, 클래식 음악이 얼마나 깊이 우리 삶에 스며들어 있는지 새삼 실감하게 됩니다. 신을 섬기던 시대의 음악이 왕을 위한 음악이 되고, 다시 귀족들의 살롱에서 흘러나오다 결국 오늘날 우리 곁까지 다가왔지요. 이렇게 클래식 음악은 시대마다 그 의미와 자리를 달리해가며, 늘 우리 곁에 머물러 있었습니다. 그래서일까요. 클래식 음악은 어쩌면 보통의 문화나 일시적인 유행이 아닌, 삶 그 자체를 지탱해주는 깊고 오래된 숨결일지도 모르겠습니다.

영원히 언제 어디에서라도

그렇다면 오늘날 클래식 음악은 우리 삶 속에서 어떤 방식으로 생명력을 이어가고 있을까요? 역사상 최초의 유료 음악회로 알려진 1672년 존 배니스터의 하우스 콘서트를 시작으로, 지금까지 지구촌 곳곳에서 클래식 음악회가 끊임없이 열리고 있습니다. 덕분에 세계 어느 도시에 가더라도 클래식 공연이 열리는 공연장을 쉽게 찾을 수 있게 되었고요. 음악을 연주하고 감상하는 일은 연주자와 청중 모두에게 소중한

 제8장. 오늘날의 클래식 음악

경험이 되었지요. 공연장에서 음악을 듣는 문화는 그 자체로 하나의 이야기이며, 그 이야기들은 오늘날까지 클래식 음악이 이어질 수 있었던 중요한 배경이기도 합니다.

또한 클래식 음악이 오늘날까지 우리 곁에 머무를 수 있었던 데에는 토머스 에디슨의 '소리 기록' 발명도 큰 역할을 했습니다. 에디슨이 우연히 목소리를 기록한 일을 시작으로 음반의 역사가 열렸지요. 만약 공연장에서 직접 음악을 듣는 것에 그쳤다면, 클래식 음악은 지금처럼 일상에서 접할 수 있는 예술이 되지 못했을지도 모릅니다. 어쩌면 사라진 수많은 문화 중 하나로만 남았을 수도 있었겠지요. 하지만 음반이라는 존재 덕분에 사람들은 언제 어디서나 음악을 가까이에서 듣고 감상할 수 있게 되었고, 이는 인류가 역사상 처음으로 음악과 가장 가까워진 계기가 되었습니다.

클래식 음악이 오늘날까지 전해질 수 있었던 가장 중요한 힘은 결국, 이 음악을 사랑했던 사람들 덕분입니다. 어떤 시대든 음악 교육은 멈춘 적이 없었고, 음악을 배우는 사람들이 있었기에 음악은 계승될 수 있었지요. 교육이 줄어들면 결국 음악 유산의 전달자 또한 사라지는 셈이니까요. 예를 들어 쇼팽에게 무려 5년 동안 피아노를 배웠던 피아니스트이자 작곡가, 그리고 파리 음악원 교수였던 조르주 마티아스를 떠올려볼 수 있겠습니다. 마티아스는 제자들에게 쇼팽에게서 배운 내용을 전하면서, 때로는 무용담처럼 그와의 이야기를 들려주었을 것입니다. 실제로 그는 쇼팽에 대한 회고를 글로도 남겼지요. 그리고 그의 제자들은 다시 각자의 나라로 돌아가 마티아스에게서 전해들은 쇼팽의 음악을 가르쳤고요. 그렇게 또 그 제자들이 새로운 제자들에게 음악을 전하며, 오늘날까지 그 유산은 이어온 것입니다.

다만 한 가지 안타까운 점은 오늘날 클래식 음악에 대한 교육과 인식, 그리고 시장 전체가 점차 축소되고 있다는 사실입니다. 이 변화는 머지않은 시기에 뚜렷한 영향을 드러내게 될 것입니다. 그럼에도 클래식 음악은 또 다른 새로운 방식으로 우리 곁에 머물러 있을 것이라 믿습니다. 시대가 변해도 음악이 주는 감동의 순간은 결코 달라지지 않기 때문입니다. 지난 400년의 세월이 그것을 증명해 주듯 앞으로의 세상에서도 클래식 음악은 우리와 함께 살아갈 것입니다.

남극의 베토벤 반도에서
에로이카를 듣는 상상

1773년 영국 해군 제독이자 탐험가 제임스 쿡은 남극권 항해에 성공했습니다. 그러나 아쉽게도 그는 남극 대륙의 실체를 직접 확인하지는 못했지요. 그로부터 40여 년 뒤인 1819년, 영국의 선장 윌리엄 스미스가 화물선을 운항하던 중 남극 그레이엄랜드 앞바다의 군도, 사우스셰틀랜드 제도를 발견했습니다. 당시 그의 발견은 남위 60도 이남 최초의 발견으로 오늘날 남극 역사의 가장 중요한 첫 단추를 발견한 사건이었지요.

20세기에 접어들면서 남극은 단순한 미지의 공간이 아니라, 여러 나라의 욕망이 교차하는 무대가 되었습니다. 아르헨티나, 칠레, 영국이 영유권을 두고 첨예하게 대립했고,

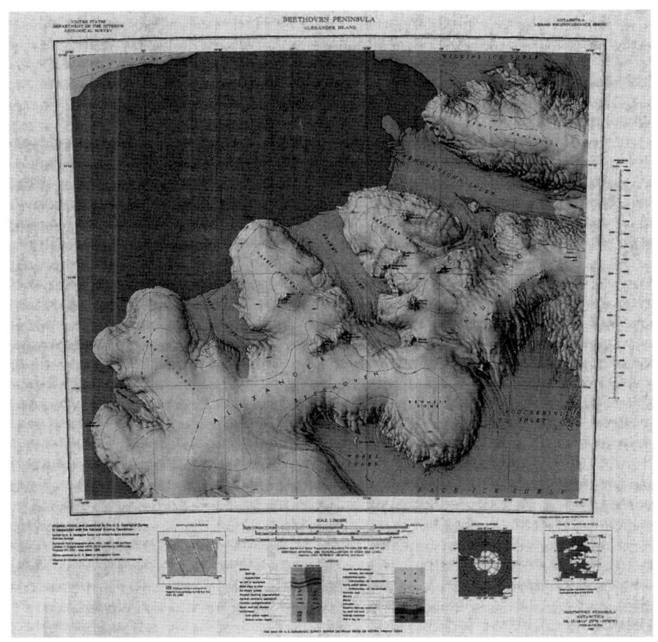

남극의 베토벤 반도

실제로 여러 차례 충돌까지 이어졌지요. 하지만 1954년 체결된 '남극조약' 제4조에 따라 모든 영토 주권 주장은 보류되었고, 그 덕분에 남극은 인류 모두의 땅으로 남게 되었습니다. 어쩌면 그 조약 덕분에, 지금의 제가 여러분께 '베토벤 반도'라는 낯설고도 아름다운 이름을 소개할 수 있게 된 것인지도 모릅니다.

독일의 작곡가이자 피아니스트 그리고 위대한 악성으

로 추앙받는 서양 음악계의 기둥뿌리라 불러 마땅한 루트비히 판 베토벤! 우주보다 더 먼 존재처럼 느껴지는 남극 알렉산더 섬의 8개 반도 중 하나가 바로 베토벤의 이름을 딴 반도입니다. 심지어 이 반도에는 베토벤과 그의 〈교향곡 3번〉 '에로이카'에서 가져온 지명, 베토벤과 바흐를 존경했던 라이프치히의 아들 멘델스존과 독보적인 고집쟁이 브람스, 오페라 거장 베르디, 이탈리아의 첼리스트 보케리니와 모차르트의 먼 후손으로 알려진 베버까지! 유럽 음악사를 빛낸 거장들의 이름이 빙하 위에 새겨져 있습니다.

베토벤 반도는 길이 약 100km, 폭 약 100km 정도의 얼음으로 덮인 땅으로, 1940년 미국의 공중사진 탐사로 처음 확인되었습니다. 이후 여러 나라의 조사와 연구가 이어졌고, 1960년부터 '베토벤 반도'라는 이름이 공식적으로 사용되고 있습니다. 영국 남극지명위원회는 이곳을 서양 음악가들의 이름으로 명명한 이유에 대해 이렇게 말했습니다. "남극은 어느 한 국가의 문화나 권력에 속하지 않는, 인류 모두의 공간으로 기억되기를 바란다."

제가 이 책의 마지막까지 전하고 싶었던 메시지이기도 합니다. 음악은 그 어떤 다름의 장벽을 넘어 과거 현재 그리고 미래의 우리들이 간직할 보물 같은 존재이며 영겁의 세월 동안 인류가 음악을 만들고 향유했던 이유라고요.

이 책은 저의 여섯 번째 책입니다. 그동안 여러 편집자와 함께했지만, 이 책의 편집을 맡아준 조히라 팀장은 제게 특별한 기억으로 남을 것 같습니다. 마디에서 문장으로 단락으로 이어지는 제 부족한 이야기를 누가 읽어도 즐겁게 누가 읽어도 유익하게 쓸모 있는 책으로 만들어주셨거든요.

언젠가 제 가족과 함께 남극의 베토벤 반도를 지나며 베토벤의 '에로이카'를 들어볼 날을 꿈꾸며 살아보고 싶습니다. 끝으로, 언제나 제가 잘될 거라 응원해 주는 제 아들 채우, 남편 얼 그리고 제 글을 읽어주는 독자들께 깊은 인사를 드립니다.

2025년 가을, 창원에서

　　　　　　　　제8장. 오늘날의 클래식 음악

[참고 문헌]

책과 저널

T.A. Hoffmann 지음, 김선형 옮김, 『세라피온의 형제들』, 경남대학교출판부, 2009.

Philip Ross Bullock, 『Rosa Newmarch and Russian Music in Late Nineteenth and Early Twentieth-Century England』, Taylor & Francis, 2017.

Daniel Jaffé, 『Historical Dictionary of Russian Music』, Rowman & Littlefield Publishers, 2022.

Rene Doumic, 『George Sand Some Aspects Of Her Life And Writings』, Double9 Books, 2024.

René Beaupain, 『Chronologie des pianos de la maison Pleyel. Éditions L'Harmattan, Paris』, Editions L'Harmattan, 2000.

Steven Kale, 『French Salons High Society and Political Sociability from the Old Regime to the Revolution of 1848』, Johns Hopkins University Press, 2006.

Rebecca Rogers, 『From the Salon to the Schoolroom Educating Bourgeois Girls in Nineteenth-Century France』, Pennsylvania State University Press, 2010.

Lisa Curtis-Wendlandt, Paul Gibbard, Karen Green, 『Political Ideas of Enlightenment Women Virtue and Citizenship』, Taylor & Francis, 2016.

Nicolas Slonimsky, 『Baker′s Biographical Dictionary of Musicians』, Schirmer
Books, 2001.

웹사이트

https://digital.ub.uni-duesseldorf.de/ihd/content/pageview/2401792

https://digi.ub.uni-heidelberg.de/diglit/thibaut1825/0133/image,info,thumbs

https://geographic.org/geographic_names/antname.php?uni=13422&fid=ant-
geo_120

http://www.musimem.com/palmares.htm

https://en.italiani.it/guido-darezzo-creator-of-musical-notes/

https://portal.dnb.de/opac/showFullRecord?currentResultId=%22100802583
%22%26any¤tPosition=2

https://mahlerfoundation.org/

https://www.archives.gov/

https://www.loc.gov/

https://bachtrack.com/classical-music-statistics-2023

https://data.carnegiehall.org/datalab/

https://www.musiqueauchateau.com

https://cmbv.fr/en/introducing-baroque/court-music

https://www.cantus-scholarum.univ-tours.fr/ressources/sources/methodes-
faciles-de-plain-chant/methode-1728/

https://en.tchaikovsky-research.net/pages/Endorsement_of_Thomas_Edi-
son%27s_%22Phonograph%22#cite_note-note2-2

http://lucare.com/immortal/cooper.html

https://theconversation.com/global

https://www.smithsonianmag.com/innovation/how-artificial-intelligence-completed-beethovens-unfinished-10th-symphony-180978753/

https://www.hmdb.org/m.asp?m=218588

https://www.projectcontinua.org/elisabetta-gonzaga/

https://www.surreycc.gov.uk/culture-and-leisure/history-centre/researchers/guides/piano-manufacturers

https://www.rct.uk/collection/stories/music-in-the-royal-collection/two-manual-harpsichord

https://catalogue.bnf.fr/ark:/12148/cb44847437c

https://web.archive.org/web/20150217160530/http://www.schubert-online.at/activpage/index_en.htm

https://schubert-online.at/activpage/briefe_einzelansicht.php?briefe_id=14&herkunft=allebriefe

https://www.thegazette.co.uk

https://www.nationalarchives.gov.uk/

https://www.cell.com/current-biology/fulltext/S0960-9822(23)00181-1

https://www.sothebys.com/en/auctions/ecatalogue/2016/music-continental-books-manuscripts-l16406/lot.20.html

https://www.sothebys.com/en/buy/auction/2019/important-manuscripts-continental-books-and-music/l-van-beethoven-a-lock-of-the-composers-grey-hair

https://digitalcollections.sjsu.edu/islandora/object/islandora%3A452

https://musicprintinghistory.org/

https://www.sothebys.com/en/buy/auction/2021/music/j-haydn-and-m-
    haydn-ornamental-souvenir-made-from

https://beethovenscholar.com/index.php/2023/03/22/beethoven-genome
    -project/

https://austria-forum.org/af/Biographien/Haydn%2C_Joseph

https://www.schubertiademusic.com

https://www.classicalmusicdaily.com/2020/04/broadwood.htm

https://creativefellowship.org/the-nutcracker-the-tradition-of-christ-
    mas-dancing-together-is-reviving-in-vienna/

https://geschichtsquellen.de/autor/2821

https://bvbat01.bib-bvb.de/TP61/start.do?Query=1035%3D%22BV008715407
    %22+IN+%5B1%5D&Language=De

https://data.aad.gov.au/aadc/gaz/scar/search_names_action.cfm?search_
    text=1091&feature_type_code=0&country_id=0&relic_options=include_
    relics&north=-45.0&south=-90.0&west=-180.0&east=180.0&search_
    near=&radius=0.5&gazetteers=SCAR

이미지 출처

©Wikipedia, Wikimedia Commons

세상 인문학적인 음악사

수천 년 역사가 단숨에 읽히는 교양 음악 수업

초판 1쇄 발행 2025년 12월 10일

지은이 정은주

펴낸이 김재원, 이준형
디자인 studio forb

펴낸곳 비욘드날리지 주식회사
출판등록 제2023-0001117호
E-Mail admin@tappik.co.kr

ⓒ 정은주
ISBN 979-11-991840-0-8 (03670)